essentials

*Essentials* liefern aktuelles Wissen in konzentrierter Form. Die Essenz dessen, worauf es als „State-of-the-Art" in der gegenwärtigen Fachdiskussion oder in der Praxis ankommt. *Essentials* informieren schnell, unkompliziert und verständlich

- als Einführung in ein aktuelles Thema aus Ihrem Fachgebiet
- als Einstieg in ein für Sie noch unbekanntes Themenfeld
- als Einblick, um zum Thema mitreden zu können

Die Bücher in elektronischer und gedruckter Form bringen das Fachwissen von Springerautor*innen kompakt zur Darstellung. Sie sind besonders für die Nutzung als eBook auf Tablet-PCs, eBook-Readern und Smartphones geeignet. *Essentials* sind Wissensbausteine aus den Wirtschafts-, Sozial- und Geisteswissenschaften, aus Technik und Naturwissenschaften sowie aus Medizin, Psychologie und Gesundheitsberufen. Von renommierten Autor*innen aller Springer-Verlagsmarken.

Elke Strauß

# Vermögensanlage in Gold

## Wertspeicher, Krisenschutz, Währungsreserve

Springer Gabler

Elke Strauß
Eferding, Österreich

ISSN 2197-6708 ISSN 2197-6716 (electronic)
essentials
ISBN 978-3-658-51778-6 ISBN 978-3-658-51779-3 (eBook)
https://doi.org/10.1007/978-3-658-51779-3

Die Deutsche Nationalbibliothek verzeichnet diese Publikation in der Deutschen Nationalbibliografie; detaillierte bibliografische Daten sind im Internet über https://portal.dnb.de abrufbar.



Springer Gabler ist ein Imprint der eingetragenen Gesellschaft Springer Fachmedien Wiesbaden GmbH und ist ein Teil von Springer Nature.
Die Anschrift der Gesellschaft ist: Abraham-Lincoln-Str. 46, 65189 Wiesbaden, Germany

# Was Sie in diesem *essential* finden können

- Sie erhalten einen Einblick, wie der Goldpreis funktioniert, dafür ist ein Blick in die Vergangenheit erforderlich
- Wir betrachten die Bedeutung von Gold im geopolitischen Geschehen
- Schließlich beleuchten wir Gold als Geldanlage für den Privatanleger

# Vorwort

Gold, das ewige Symbol für Reichtum und Stabilität, durchzieht wie ein goldener Faden die Geschichte der Menschheit. Vor unserem Papiergeld wurden Gold- und Silbermünzen als Zahlungsmittel verwendet. Die ersten Goldmünzen wurden im siebten Jahrhundert vor unserer Zeitreichnung als Zahlungsmittel eingesetzt, um den Handel zu erleichtern.

Gold hat als Mittel zur Schaffung von Währungen gedient und spielt bis heute eine zentrale Rolle in der Finanzwelt. Das Edelmetall ist weltweit anerkannt un handelbar. Gold ist ein seltenes Edelmetall; die Knappheit des Gutes und die universelle Anerkennung als Wertspeicher macht es zu einer globalen „Währung".

Die Goldpreisentwicklung wird von einem komplexen Zusammenspiel verschiedener Faktoren bestimmt, die sich gegenseitig verstärken oder abschwächen können. Um die Entwicklung zu verstehen, ist ein Blick in die Vergangenheit vonnöten und das Verständnis der Goldpreistreiber ist entscheidend.

Der Goldkurs hat sich erst seit 1971 vollständig nach Angebot und Nachfrage entwickelt. Bis dahin war Gold über den Goldstandard und das Bretton-Woods-System fest an den US-Dollar gebunden; eine Unze Gold kostete über Jahrzehnte konstant 35 US-Dollar. Der entscheidende Wendepunkt kam am 15. August 1971, als US-Präsident Nixon die Konvertibilität des Dollars in Gold aufhob. Damit endete der Goldstandard und Gold wurde zu einem freien Anlagegut. Seit diesem Zeitpunkt bestimmen Marktkräfte – also Angebot und Nachfrage – den Goldpreis. Das Angebot von Gold ist relativ stabil, da die Förderung begrenzt ist und neue Minenprojekte nur langfristig wirksam sind. Die Nachfrage reagiert sensibel auf wirtschaftliche und geopolitische Entwicklungen und hat sich insbesondere in den letzten Jahren enorm erhöht.

Im Jahr 2025 erreichte der Goldpreis historische Höchststände und hat die Marke von 4000 US-Dollar pro Feinunze überschritten. Die Goldnachfrage wird weltweit von mehreren Akteuren bestimmt. Die nationalen Zentralbanken stocken aktuell ihre Reserven massiv auf, um ihre Währungsreserven zu sichern. Privatanleger investieren in Barren, Goldmünzen, Gold-ETCs und ETFs, um ihr Vermögen in unsicheren Zeiten zu erhalten. Außerdem spielen institutionelle Investoren eine entscheidende Rolle beim Goldkauf. Das Edelmetall etablierte sich als beste Anlageklasse des Jahres. Ist es für den Privatanleger nun bereits zu spät, in Gold zu investieren, weil der Preis zu hoch ist?

Generell geht der Goldpreis seit zehn Jahren nach oben und Anleger setzen aus diesem Grund auf Gold, mehr denn je. Wesentlich sind bei der Anlageentscheidung jedoch nicht die Kurssteigerungen der Vergangenheit, sondern die Entwicklung in der Zukunft. Die Volatilität von Gold, also die Preisschwankungen, gilt als moderat bis hoch, wobei kurzfristige Schwankungen oft durch außergewöhnliche Ereignisse wie geopolitische Krisen, Inflationserwartungen oder Wechselkursschwankungen des US-Dollars angetrieben werden. Grundsätzlich ist Gold ein sehr interessantes Investment, eben weil es in den letzten Monaten und Jahren sehr stark im Wert gestiegen ist. Es lohnt sich ein tieferer Blick in die Vergangenheit, um zu sehen, welche Faktoren den Goldpreis beeinflussen bzw. beeinflusst haben. Ob es heute ein günstiger Zeitpunkt ist, (noch) in Gold zu investieren, wird die Zukunft weisen und das wird sich erst in den nächsten Jahren herausstellen (Vgl. Staudinger 2025).

Gold wird heute nicht als Zahlungsmittel verwendet, sondern vor allem als Wertanlage zur Absicherung gegen finanzielle Krisen. Physisches Gold behält immer seinen Wert, unabhängig von äußeren Umständen – seien es politische Unruhen, Wirtschaftskrisen oder globale Katastrophen.

In den USA lagen Ende der Siebzigerjahre die Zinssätze über 15 %, die Arbeitslosigkeit war hoch, die Inflation lag bei 14 % und die Welt erlebte verschiedene Krisen, darunter den Kalten Krieg, das Ölembargo und die sowjetische Invasion in Afghanistan. Als Reaktion darauf stieg der Goldpreis zwischen 1976 und 1980 um 721 % (vgl. StoneX Bullion 2024).

In der Finanzkrise ab 2008 stieg der Goldpreis von ca. 800 US-Dollar auf über 1800 US-Dollar pro Feinunze. Die COVID-19-Pandemie, Unsicherheiten und expansive Geldpolitik trieben den Preis erstmals über 2000 US-Dollar pro Unze. Danach kam es zu einer weiteren Abfolge von Höchstständen im Jahr 2025 mit einem Rekord von über 5600 US-Dollar im Jänner 2026 durch geopolitische Spannungen, militärische Konflikte, Inflation, sinkende Zinsen und einer Verknappung des Angebots von Gold am Markt.

Die nationalen Zentralbanken gelten als wichtige Akteure am internationalen Goldmarkt. Sie vergößern seit 2008 massiv ihre Bestände, um ihre Währungsreserven zu stabilisieren und wirtschaftliche sowie geopolitische Risiken abzufedern, um im Krisenfall die eigene Liquidität zu sichern sowie als Währungsreserve. Regierungen, Finanzinstitute sowie private Anleger nutzen Gold als sicheren Hafen in turbulenten Zeiten. Diese zunehmenden Goldkäufe wirken sich auf die globale Goldnachfrage aus und beeinflussen den Goldpreis nach oben – und damit die Entscheidung der Privatanleger oder der Privatanlegerinnen, ob sie ins Investment einsteigen möchten.

Gold spielt derzeit eine zentrale Rolle in der Portfoliokonstruktion. Es weist eine geringe Korrelation zu klassischen Anlageklassen wie Aktien und Anleihen auf und kann dadurch das Gesamtrisiko des Portfolios reduzieren, weil Gold vermutlich immer seinen Wert behält. Doch wie viel Gold gehört ins Portfolio und in welcher Form?

Dieses Essential beleuchtet die ökonomische Sinnhaftigkeit des Goldinvestments, gibt praxisnahe Empfehlungen zur Gewichtung und stellt die Vor- und Nachteile der verschiedenen Anlageformen gegenüber. Ziel ist es, eine fundierte Grundlage für eine strategische Investmententscheidung zu bieten, die sowohl wissenschaftlich abgesichert als auch praxisorientiert ist.

Eferding, Österreich Elke Strauß

## Literatur

Staudinger, Wolfgang. (2025). Podcast „Gold verstehen". „Gold: Ein Spiegel unseres Geldes." Verfügbar unter: [https://www.fynup.at/a/gold-und-geldsystem?gad_source=1&gad_campaignid=22557326076&gbraid=0AAAAACpHMWsliEiItwZ0i6yTabTN1ZQ3F&gclid=Cj0KCQjwy_fOBhC6ARIsAHKFB79-QmY3hrhYUloh08j4jCVXm6Tv9cJXFss3PjDJqZ1nv1Q4uTdBZboaAvrcEALw_wcB] (Zugriff am 14.04.2026).

StoneX Bullion. (2024). „Warum Gold kaufen? Gründe in physisches Gold zu investieren". Verfügbar unter: [https://stonexbullion.com/de/blog/gold-kaufen-welche-vorteile-bietet-physisches-gold/] (Zugriff am 14.04.2026).

# Inhaltsverzeichnis

# Grundsätzliches zum Goldpreis 1

Die historische Entwicklung des Goldpreises ist geprägt von langfristigen Trends und kurzfristigen Schwankungen. Gold wird seit mehreren tausend Jahren als Wertspeicher und Währung verwendet, was zu einem kontinuierlichen Anstieg des Preises führte.

Der weltweite Goldkurs orientiert sich am Goldpreis der London Bullion Market Association (LBMA). Dieser dient als maßgeblicher Referenzwert und gibt den Preis für eine Feinunze (31,1035 g) Gold in US-Dollar an. Bis 2015 wurde der Preis durch das traditionelle Goldfixing bestimmt, bei dem Vertreter von fünf großen LBMA-Banken den Preis zweimal täglich festlegten. Heute berechnet ein automatisiertes System den Goldspotpreis in Echtzeit anhand realer Transaktionen, wodurch der Preis im Sekundentakt aktualisiert wird. Zusätzlich gibt es Live-Goldpreise, die sich durch Handel auf verschiedenen Märkten ständig ändern (vgl. philoro 2025a).

Gold wird in US-Dollar gehandelt, weil dieser die weltweit anerkannte Leitwährung ist. Er ist die am meisten gehandelte und gehaltene Währung weltweit und spielt eine entscheidende Rolle im internationalen Handel und ist die bevorzugte Währung für Rohstoffpreise, darunter auch Gold.

Nach dem Ende des Goldstandards begann in den 1970er-Jahren der Goldpreis stark zu steigen, weil Gold nicht mehr an den US-Dollar gebunden war. In den 1980er-Jahren erreichte der Preis ein Rekordhoch von über 800 US-Dollar pro Unze, sank jedoch in den folgenden Jahren wieder ab. Seit dem Jahrestief aus dem Jahr 2001 erlebt der Goldpreis eine starke Rallye, die sich nach einer Korrektur in den Jahren 2011 bis 2016 nun in Form von Allzeithochs fortsetzt.

Der Goldpreis hat am 8. Oktober 2025 erstmals die Marke von 4000 US-Dollar pro Unze überschritten. Am Morgen lag der Preis für eine Feinunze bei 4.000,01


E. Strauß, *Vermögensanlage in Gold*, essentials,
https://doi.org/10.1007/978-3-658-51779-3_1

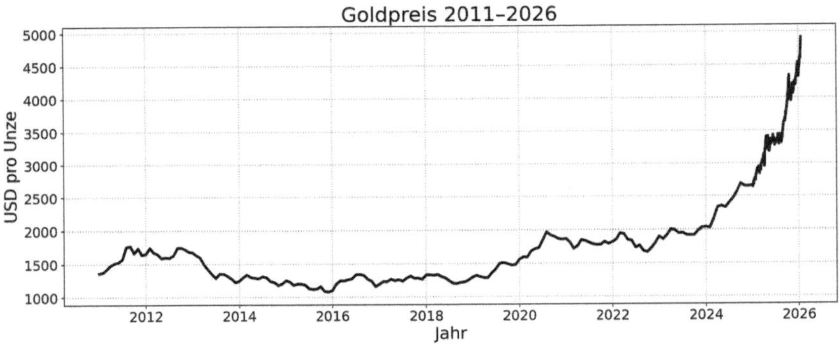


**Abb. 1.1** Goldpreisentwicklung 2011 bis 2026 (in Dollar). (Quelle: eigene Darstellung, basierend auf den echten Daten aus latest.csv (FreeGoldAPI); Goldpreis-Zeitreihe 1910–2026 aus „latest.csv", basierend auf FreeGoldAPI (Spotpreis), ergänzt durch historische Rekonstruktionen und eigene Datenaufbereitung)

US-Dollar, umgerechnet 3441 € am 13. November 2025 lag das Tageshoch bei 4243 US-Dollar, ein weiterer Höchststand. Erst im März 2025 war die Marke von 3000 US-Dollar erreicht worden. Seit Jahresbeginn 2025 hat der Preis für das Edelmetall schon um mehr als 100 % zugelegt und hat sich somit verdoppelt (von 2500 US-Dollar auf 4243 US-Dollar). Eine solch steile Kurve beim Goldpreis ist ungewöhnlich, denn der Wert des Edelmetalls gilt als sehr stabil und weniger anfällig für Schwankungen als etwa Aktien (vgl. Beyen 2025; vgl. Abb. 1.1).

Der Goldpreis kennt kein Halten, im Jahr 2025 hat Gold immens an Wert und deutlich über den historischen Erwartungen zugelegt, deshalb spricht man auch von der „Goldrallye 2025". Die Haupttreiber für den Goldpreis sind ein deutliches Ungleichgewicht zwischen Angebot und Nachfrage am Goldmarkt, die Zinspolitik, die US-Dollar-Stärke, Inflationssorgen, Staatsverschuldung und geopolitische Spannungen bzw. Krisen. Im Jänner 2026 übertraf der Goldpreis dann die Marke von 5000 US-Dollar pro Unze.

## 1.1 Angebot und Nachfrage

Der Goldpreis wird maßgeblich duch das Prinzip von Angebot und Nachfrage bestimmt: Eine hohe Nachfrage bei begrenztem Angebot treibt den Preis in die Höhe, während ein hohes Angebot bei geringer Nachfrage den Preis senkt. Faktoren wie geopolitische Unsicherheiten, Inflationserwartungen und Zinssätze beeinflussen die Nachfrage, während Minenförderung, Recycling und Bestandsänderungen das Angebot bestimmen.

Der globale Goldwürfel ist eine Veranschaulichung der gesamten jemals geförderten Goldmenge. Er hat eine Kantenlänge von 22,4 m und eine Masse von 216.265 t Gold. Da jedes Jahr neues Gold gefördert wird, wächst er kontinuierlich um einige Zentimeter. Er setzt sich aus verschiedenen Bereichen zusammen (vgl. World Gold Council 2025)

| Gesamte jemals geförderte Goldmenge (Stand Ende 2025) | 219,891 t |
|---|---|
| Schmuck: | ~97,645 t, 44 % |
| Investments (Barren, Münzen, ETFs, ETCs): | ~50,978 t, 23 % |
| Zentralbanken: | ~38,666 t, 18 % |
| Sonstiges: | ~32,602 t, 15 % |
| Reserven: | ~54,770 t |

Die nachgewiesenen, wirtschaftlich abbaubaren Goldreserven der Welt belaufen sich laut World Gold Council (WGC) auf 54.770 t, US Geological Survey schätzt die verbleibenden Reserven auf 64.000 t. Das entspricht einem etwas kleineren Würfel von etwa 15 m, somit wurden fast drei Viertel des gesamten bekannten Goldes bereits gefördert. Zwei Drittel des jemals abgebauten Goldes wurden seit 1950 gefördert – dank technologischer Fortschritte. Die Nachkriegszeit leitete groß angelegte Tagebauminien und effiziente Raffinationstechniken ein. Heute verlangsamen sinkende Erzgehalte die Förderraten, aber der Gesamtbestand an oberirdischem Gold wächst weiterhin jedes Jahr langsam an. Da neue Entdeckungen seltener werden und die Abbaukosten steigen, verlagert sich der Fokus zunehmend auf Recycling und verbesserte Rückgewinnungstechnologien (vgl Durden 2025).

Heute werden pro Jahr im Durchschnitt etwa 3300 t Gold pro Jahr weltweit gefördert. Nach China sind Australien, Russland und Nordamerika (USA und Kanada) die größten Förderländer hisichtlich der geförderten Goldvorkommen. Die weltweiten Goldbestände wachsen nur langsam an. Insgesamt wuchs die Nachfrage nach Gold deutlich stärker als das Angebot. Die Marktbilanz bleibt daher angespannt.

Die Aktien der Goldminen-Unternehmen entwickeln sich hervorragend. Der in New York beheimatete Arca Gold BUGS Index (HUI), der die großen Goldminenunternehmen ohne langfristige Preisabsicherung abbildet, hat sich seit Jahresbeginn 2025 mehr als verdoppelt. Die Förderkosten liegen zwar hoch, im Schnitt zwischen 1400 und 1600 US-Dollar pro Unze, doch die Gewinnmargen sind derzeit enorm. Zudem dauert es noch fünf bis sieben Jahre, bis eine neue Mine in Produktion geht und das heißt auch, dass das Angebot auf absehbare Zeit eher begrenzt bleibt (vgl. Köhne und Summa 2025).

## 1.2 Nationale Zentralbanken als gewichtige Käufer von Gold

Zentralbanken gelten als wichtige Akteure am internationalen Goldmakt. Sie halten einen erheblichen Teil der weltweiten Goldreserven. Ihre Kauf- und Verkaufsentscheidungen haben einen erheblichen Einfluss auf den Goldpreis. Die Goldbestände der Zentralbanken sind ein wichtiger Indikator für das Vertrauen in das globale Finanzsystem. Ein Anstieg der Goldreserven kann auf wirtschaftliche Unsicherheit hinweisen, während ein Rückgang auf ein gestiegenes Vertrauen hindeuten kann. Obwohl der aktuelle Anstieg des Goldpreises durch kurzfristige Unsicherheiten ausgelöst wurde, ist die allgemeine Stärke des Goldpreises größtenteils darauf zurückzuführen, dass die Zentralbanken Gold kaufen und horten.

Dabei können Zentralbanken Gold sowohl in physischer Form kaufen als auch über ETFs, Derivate oder Gold-Swaps handeln. In der Regel machen jedoch die 400-Unzen-Barren den größten Anteil des gehaltenen Goldes von Zentralbanken aus. Nicht immer liegen die Reserven im Inland. Viele Banken lagern Teile des Bestandes im Ausland, vor allem in London und New York.

Zentralbanken halten (Stand März 2025, basierend auf Daten des World Gold Coucil) aktuell rund 16,7 % des gesamten jemals geförderten Goldes.

Nach Jahrzehnten, in denen US-Treasuries (US-Staatsanleihen) als unangefochtene Basis der weltweiten Währungsreserven galten, hat sich das Kräfteverhältnis gedreht. Der Anteil von Gold an den internationalen Devisenreserven liegt inzwischen bei rund einem Viertel, während der Anteil von US-Staatsanleihen auf etwa 23 % gesunken ist. Der Wendepunkt wurde zum Ende des dritten, bzw. Beginn des vierten Quartals 2025 erreicht. Zuletzt war Gold im Jahr 1996 stärker in den Zentralbanken vertreten als US-Staatsanleihen. Diese Entwicklung ist das Ergebnis einer langsamen, aber stetigen Erosion des Vertrauens in die politische und fiskalische Stabilität der Vereinigten Staaten. Die US-Verschuldung ist in den vergangenen Jahren sprunghaft gestiegen, während die Zinskosten der Regierung in Washington immer neue Rekordniveaus erreichen. 2024 hat Gold aufgrund der Zentralbankkäufe bereits den Euro als zweitgrößtes globales Reserve-Asset abgelöst (vgl. Kolf 2025).

Zentralbanken halten Goldreserven, um im Falle internationaler Spannungen, Handelskonflikte oder militärischer Auseinandersetzungen eine verlässliche Reserve unabhängig von einzelnen Währungen zu besitzen. Da Gold weltweit handelbar ist und nicht von Staaten eingefroren werden kann, bietet es eine verlässliche Absicherung gegen geopolitische Risiken.

Zentralbanken halten neben Fremdwährungen wie dem US-Dollar oder dem Euro auch Gold, um ihre Währungsreserven breiter aufzustellen. Diese Diversifikation soll das Risiko reduzieren, das mit einer starken Abhängigkeit von einzelnen Währungen oder Wirtschaftsräumen verbunden ist. Staaten kaufen Gold als wertstabile Reserve ohne Emittentenrisiko.

Das Vehältnis von Inflation und Gold beeinflusst maßgeblich die Reservepolitik vieler Zentralbanken. Wenn die Kaufkraft von Fiat-Währungen durch steigende Verbraucherpreise sinkt, bleibt Gold wertstabil. Deshalb setzen Zentralbanken auf Goldreserven, um ihre Währungsreserven in inflationsanfälligen Phasen abzusichern.

Einige Zentralbanken tätigen gezielt Goldkäufe, um ihre Abhängigkeit vom US-Dollar zu verringern. Diese sogenannte „Dedollarisierung" soll verhindern, dass Währungsreserven durch internationale Sanktionen eingefroren oder blockiert werden können. Gold lässt sich unabhängig von westlich dominierten Finanzsystemen lagern und handeln, weshalb es in politisch sensiblen Ländern eine strategische Funktion im Umgang mit wirtschaftlichem Druck von außen übernimmt.

Goldreserven gelten als sichtbares Signal für wirtschaftliche Solidarität. Halten Zentralbanken einen ausreichend großen Goldbestand, kann das das Vertrauen in die Stabilität der nationalen Währungen stärken – besonders in Ländern mit instabiler Inflation oder schwankender Geldpolitik. Eine Notenbank kauft Gold dementsprechend nicht nur als Wertspreicher, sondern auch als Mittel zur Absicherung des monetären Fundaments (vgl. bitpanda 2025).

In einer Umfrage von 2025 des World Gold Council (WGC) und von Yougov unter 72 Zentralbanken gaben 43 % an, ihre Goldbestände in den kommenden zwölf Monaten ausbauen zu wollen. Das ist der höchste Wert seit Beginn der Erhebung vor acht Jahren. Vor einem Jahr lag dieser Anteil noch bei 29 %. Keine der befragten Notenbanken plant eine Reduzierung. Zentralbanken gelten als ein wesentlicher Treiber des Goldbooms, der seit Ende 2022 den Preis des Edelmetalls verdoppelt hat. Die westlichen Länder haben den Verkauf gestoppt, und die Schwellenländer haben mit dem Kauf begonnen. Sie holen auf und bauen ihre Goldreserven aus. In der Umfrage nannten die Zentralbanken als Hauptgründe für das Halten von Gold dessen Stabilität in Krisenzeiten, seine Funktion als Wertspeicher und als Diversifizierungsinstrument im Portfolio. Für Schwellenländer sei zudem politische Resilienz ein entscheidendes Motiv: Über die Hälfte verwiesen auf diesen Aspekt. 78 % betonten, dass Gold kein Ausfallrisiko mit sich bringt. In den Jahren 2022 bis 2024 lag die weltweite Netto-Goldnachfrage der Zentralbanken bei jeweils mehr als 1000 t und damit mehr als doppelt so hoch wie im

Durchschnitt der 2010er-Jahre. Seit 15 Jahren sind die Zentralbanken Nettokäufer und haben damit den vorherigen Bärenmarkt aus den 1990er-Jahren hinter sich gelassen. Ende 2024 überholte Gold den Euro als zweitgrößte Reserveposition in den Portfolios der Zentralbanken weltweit. Der Anteil des US-Dollars ging weiter zurück und liegt inzwischen bei 46 % – ein Tiefstand, der auch mit dem hohen US-Haushaltsdefizit zusammenhängt (vgl. Fondsprofessionell 2025a).

Für die Deutsche Zentralbank (Bundesbank) ist Gold keine Modeerscheinung, sondern seit vielen Jahrzehnten ein fester Bestandteil der Geldpolitik und Währungspolitik. 1961 kletterten ihre Goldbestände erstmals über die Marke von 3000 t. Seither ist dieses Niveau weitgehend stabil geblieben und entsprechend gut gefüllt sind die Lagerstellen. Rund 3361 t Gold hortet die Deutsche Zentralbank, Stand Ende 2024, in den drei Lagerstellen Frankfurt (51 % des Goldes), New York (37 %) und London (zwölf Prozent). Damit verfügt die Bundesbank über den weltweit zweitgrößten Goldbestand unter den Zentralbanken und internationalen Finanzorganisationen. Die regionale Verteilung der Goldbestände wurde nicht beliebig vorgenommen, sondern orientiert sich an den beiden wichtigsten Faktoren von Goldreserven: der Vertrauensbildung im Inland und der Möglichkeit, innerhalb kürzester Zeit Gold in Fremdwährungen an liquiden Goldhandelsplätzen im Ausland tauschen zu können. Beide Funktionen dürften aus Sicht zahlreicher Zentralbanken in den Vergangenen Jahren noch an Bedeutung gewonnen haben (vgl. Storch 2025).

Bislang konzentrieren sich die Währungsreserven der Notenbanken noch immer mehrheitlich auf den Greenback. In der Börsensprache ist der Ausdruck Greenback der Ausdruck für die US-Währung Dollar. Klammert man Gold einmal aus, lauteten knapp 58 % der weltweiten Währungsreserven Ende 2024 auf US-Dollar. Die Umfrage des World Gold Councils (WGC) zeichnet nun jedoch das Bild einer wachsenden Dollar Skepsis. Auf die Frage: „Welcher Anteil der Weltwährungsreserven wird Ihrer Meinung nach in fünf Jahren auf US-Dollar laufen?“, gaben 73 % der Befragten an, dass der US-Dollar-Anteil an den Währungsreserven ihrer Meinung nach sinken wird. 28 % gingen sogar von einem signifikant niedrigeren Anteil des US-Dollars an den Währungsreserven aus, ein Anstieg von 15 Prozentpunkten gegenüber dem Vorjahr. Nur zehn Prozent der befragten Institutionen gingen unterdessen davon aus, dass der US-Dollar in Zukunft einen höheren Anteil an den weltweiten Währungsreserven einnehmen wird (vgl. Storch 2025).

Die folgende Übersicht zeigt die Länder mit den größten Goldreserven im vierten Quartal 2024, in Tonnen (vgl. Statista 2025):

| | |
|---|---|
| USA | 8133,46 |
| Deutschland | 3351,53 |
| Italien | 2451,84 |
| Frankreich | 2437 |
| Russland | 2332,74 |
| China | 2279 |
| Schweiz | 1039 |
| Indien | 876,18 |
| Japan | 845,97 |
| Niederlande | 612,45 |
| Polen | 515,3 |
| Portugal | 382,7 |
| Usbekistan | 361,4 |
| Kasachstan | 324,4 |
| Vereinigtes Königreich | 310,3 |
| Spanien | 281,6 |
| Österreich | 280 |
| Thailand | 234,5 |
| Belgien | 205,7 |

Weltweit halten die Zentralbanken zusammen über 36.000 t Gold. Seit 2022 haben die Zentralbanken zusammen jährlich mehr als 1000 t Gold gekauft, gegenüber durchschnittlich 481 t pro Jahr zwischen 2010 und 2021. Polen, die Türkei, Indien, Aserbaidschan und China gehörten im Jahr 2024 zu den größten Käufern (vgl. Chia und Islam 2025). In den vergangenen 15 Jahren haben sie ihre Goldreserven um fast 9000 t aufgestockt, ein Plus, das heute einen Gegenwert von über einer Billion US Dollar entspricht (vgl. Köhne und Summa 2025). Solange die Zenralbanken ihre Goldreserven weiter erhöhen, wird der Goldpreis weiter steigen.

Die Zentralbanken möchten dadurch Währungsstabilität gewährleisten, weil Gold einen realen Wert hat und nicht so anfällig für Inflation ist. Gold ist eine sichere Anlage und kann leicht in andere Werte umgewandelt werden. Damit bietet Gold den Zentralbanken eine gute Liquidität und finanzielle Sicherheit in Zeiten wirtschaftlicher Turbulenzen. Gold hat zudem eine fast 5000 Jahre alte Geschichte als Aufbewahrungsmittel und wurde traditionell immer in der Weltwirtschaft verwendet. Es ist die einzige Währung, die nie pleite gegangen ist und weltweites Vertrauen genießt. Das bedeutet, dass das Beibehalten von Goldreserven das Vertrauen in die Wirtschaft und die Währung eines Landes enorm stärken.

Das sind auch die Gründe, die für eine Anlage in Gold als Privatanleger sprechen. Seit Jahrtausenden vertrauen die Menschen in Gold. Das macht Gold bis heute keine Währung und keine Assetklasse (Anlageklasse) nach.

Analysten erwarten, dass die Goldkaufwelle der Zentralbanken anhalten wird. Wenn Gold von den Zentralbanken gekauft wird, steht die Sicherheit dabei absolut im Vordergrund. Es geht definitiv nicht um Rendite, zumindest nicht primär. Und das ist immer ein Hinweis auf unruhige Zeiten. Eines der stärksten Argumente für den Goldkauf der Zentralbanken ist die Funktion des Goldes als sicherer Hafen. Natürlich kann ein substanzieller Goldbestand das internationale Vertrauen in die Währung eines Landes stärken, das ist insbesondere für Länder wichtig, deren Währungen unter Druck stehen oder die sich bemühen, ihre Position auf den internationalen Finanzmärkten zu festigen. Außerdem wird man durch den Goldkauf unabhängiger von ausländischen Währungen, Stichwort Russland und China, welche seit geraumer Zeit Gold kaufen (vgl. Wagner 2023).

### 1.2.1 Goldkäufe der BRICS-Staaten

Zentralbanken in Asien, dem Nahen Osten und Osteuropa haben ihre Goldkäufe massiv ausgeweitet. Für viele von ihnen dient das Edelmetall als strategische Absicherung gegen Währungsschwankungen und mögliche Handelskonflikte. Gleichzeitig wurden Bestände an US-Staatsanleihen abgebaut, teils aus Diversifizierungsgründen, teils, um das Risiko fallender US-Renditen zu meiden (vgl. Kolf 2025).

Der US-Dollar gilt als Weltwährung oder wird auch gern als „Leitwährung“ bezeichnet. Viele Länder legen ihre Reserven in US-Dollar an oder nutzen ihn für internationale Transaktionen. Die Dominanz des Dollars wird schrittweise in Frage gestellt. Länder wie Brasilien, Russland, Indien oder China schwebt eine Abkehr vom US-Dollar als Welt-Leitwährung vor. Sie haben in den letzten Jahren ihre Goldbestände erheblich aufgestockt, was Teil einer Strategie zur De-Dollarisierung und zur Schaffung einer unabhängigen Wirtschaftsstruktur ist.

Die amerikanische Regierung setzt den Dollar als Waffe gegenRuslland und China ein. Auch andere Länder wie der Iran, mittlerweile auch ein BRICS-Mitglid, sind von amerikanischen Sanktionen betroffen. Die Sanktionen laufen über die Währung: Man verbietet die Nutzung der amerikanischen Währung für Finanztransaktionen. Den Staats- und Regierungschefs in der BRICS-Gruppe ist dies seit Langem ein Dorn im Auge (vgl. Dieter 2025). Diese Länder haben ihre Goldkäufe GoldkÄufe in den den vergangenen Jahren stark ausgeweitet. Besonders deutlich zeigt sich diese Entwicklung in China, Russland und der Türkei. Zum Status einer Weltmacht gehören die entsprechenden Goldreserven. Doch ist China keineswegs das einzige Land, das Gold kauft. Diese Staaten wollen sich unabhängiger vom US-Dollar machen und setzen daher vermehrt auf physisches Gold. Dazu zählen beispielsweise Indien, die Vereinigten Arabischen Emirate oder Katar (vgl. finanzen.at 2025). Im Jahr 2025 am aktivsten ist jedoch nicht China, sondern Polen. Von Januar 2025 bis Juli hat die Notenbank insgesamt 67,1 t des Edelmetalls gekauft. Das ist mehr als doppelt so viel wie die 24,7 t, die Kasachstan in demselben Zeitraum erworben hat. Auf Rang drei liegt China mit 20,8 t. Nach offiziellen Zahlen war lange Russland größter Goldabnehmer, das seine Käufe seit 2020 aber wieder eingeschränkt hat (vgl. Die Presse 2025).

Zentralbank China: Seit der Jahrhundertwende China seine offiziellen Goldreserven laut World Gold Council-Daten fast versechsfacht, von 395 t auf 2292 t Ende des ersten Quartals 2025. Damit wäre der nationale Goldschatz Chinas der siebtgrößte der Welt. Doch sind etliche Fachleute überzeugt, dass die Pekinger Führung ihren Bestand in Wahrheit sehr viel stärker aufgestockt hat und über Zweitimporte mindestens weitere 500 t erworben hat. Darüber hinaus ist China auch weltweit größter Goldproduzent, davon wird wenig exportiert. Es ist kein Geheimnis, dass Chinas Kommunistische Partei die Dominanz der USA lieber heute als morgen beendet sähe (vgl. finanzen.at 2025). Ziel von Chinas Goldankauf ist es, die Abhängigkeit vom US-Dollar zu verringern, wirtschaftliche Risiken abzufedern und die eigene Währung in einem zunehmend geopolitischen Umfeld zu stärken (vgl. bitpanda 2025).

Zentralbank Russland: Russland zählt zu den Ländern mit dem stärksten Anstieg der Goldreserven in den vergangenen zwei Jahrzehnten. Die russische Notenbank hat ihren Goldbestand besonders seit der globalen Finanzkrise 2008 erheblich ausgeweitet. Russlands Zentralbank nutzt Gold, um ihre Währungsreserven zu diversifizieren und unabhängiger vom US-Dollar zu werden. Die gezielte Umverteilung weg von Anlagen in der US-Währung hin zu Gold gilt bei der russischen Notenbank als Teil einer Strategie der De-Dollarisierung, die angesichts westlicher Sanktionen zunehmend an Bedeutung für Russland gewonnen hat. Der hohe Goldanteil an den russischen Währungsreserven gilt als gezielte Reaktion auf wirtschaftliche Risiken und politische Spannungen. Laut dem World Gold Council zählt Russland seit Jahren zu den aktivsten staatlichen Käufern mit spürbarem Einfluss auf die globale Nachfrage und den langfristigen Goldpreis (vgl. bitpanda 2025).

Zentralbank Türkei: Die Türkei hat ihren Goldbestand in den vergangenen Jahren massiv erhöht und zählt damit zu den aktivsten Zentralbanken beim Ausbau der Währungsreserven. Seit 2019 ist ein starker Zuwachs bei den Gold-Nettokäufen zu beobachten. Die Türkei entwickelte sich in nur wenigen Jahren zu einem der größten Nettokäufer unter den Schwellenländern. Dieser Anstieg könnte im Zusammenhang mit wirtschaftlicher Unsicherheit und einem wachsenden Misstrauen gegenüber Fiat-Währungen stehen (vgl. bitpanda 2025).

Wie beeinflusst es nun den Goldpreis, wennn Zentralbanken Gold kaufen? Ihr Verhalten beeinflusst nicht nur Angebot und Nachfrage nach dem Edelmeltall, sondern hat auch Auswirkungen auf den Goldpreis. Wenn Zentralbanken Gold kaufen, steigt die weltweite Nachfrage spürbar. Viele Marktteilnehmer deuten solche Goldkäufe der Notenbanken als Vertrauenssignal, vor allem in Zeiten wirtschaftlicher Unsicherheit, was zu weiteren Investitionen führen kann.

Parallel dazu sinkt das Angebot auf dem freien Markt. Ein Großteil der von Notenbanken gekauften Goldbestände wird langfristig gehalten und verschwindet dadurch aus dem Markt. In Kombination mit steigender Nachfrage kann das zu Preissteigerungen führen. Dieser Effekt wirkt sich besonders deutlich aus, wenn große Länder wie China oder Russland über Jahre hinweg zu Nettokäufern werden, also regelmäßig mehr Gold kaufen als verkaufen. Ein weiterer Faktor ist die Zinspolitik der Zentralbanken. Wenn die Zinsen niedrig sind, verlieren klassische Anlagen wie Staatsanleihen ihren Reiz. Edelmetalle wie Gold oder Silber werden dadurch attraktiver. Auch Zentralbanken passen in solchen Phasen ihre Reserven an und kaufen Gold, wie zum Beispiel nach der Finanzkrise 2008 oder während der Pandemie 2020 (vgl. bitpanda 2025).

Es ist davon auszugehen, dass die Nachfrage nach physischem Gold weiterhin anhalten wird, weil die Zentralbanken weltweit ihre Währungsreserven diversifizieren, während die allgegenwärtigen geopolitischen und wirtschaftlichen Risiken die Nachfrage nach Absicherungsgeschäften hochhalten. Andererseits werden auch die Opportunitätskosten, Gold zu halten, sinken, weil sich die großen Zentralbanken auf Zinssenkungen vorbereiten. Wenn die Zinsen aus Staatsanleihen fallen, wird das Halten dieser Anleihen weniger attraktiv, weil der Ertrag sinkt. Gold hingegen ist eine zinslose Anlage (vgl. Deutsche Bank 2024).

## 1.3 Investoren setzen verstärkt auf Gold

Institutionelle und private Anleger zeigen seit einiger Zeit steigendes Interesse, in das Edelmetall Gold zu investieren. Das Potenzial für private Anleger, ihre Portfolios stärer in Richtung Gold zu diversifizieren, stellt ein „großes Aufwärtsrisiko" für die Preisprognose dar. Gold könne sich 2026 der Marke von 5000 US-Dollar je Feinunze nähern, sollte auch nur ein Prozent des privat gehaltenen US-Treasury-Marktes in das Edelmetall umgeschichtet werden (vgl. Die Presse 2025). Große Käufer und institutionelle Anleger kaufen Gold normalerweise bei großen Banken. Die Preise auf dem Spotmarkt werden durch Angebot und Nachfrage in Echtzeit bestimmt und meist innerhalb von zwei Handelstagen abgewickelt. London ist der einflussreichste Knotenpunkt für den Spot-Goldmarkt, vor allem aufgrund der London Bullion Market Association. Der Verband setzt Standards für den Handel mit Gold. Außerdem bietet er einen Rahmen für den außerbörslichen Markt, der den Handel zwischen Banken, Händlern und Institutionen erleichtert. Weitere wichtige Goldhandelszentren sind China, Indien, der Nahe Osten und die Vereinigten Staaten (vgl. Capital 2025).

Gold gilt als sicherer Hafen in Krisenzeiten. Während wirtschaftlicher Unsicherheiten und Börsencrashs flüchten Anleger in Gold, was den Preis steigen lässt. In stabilen Zeiten mit attraktiven Aktienrenditen sinkt die Nachfrge nach Gold, wodurch der Preis stagniert oder fällt (vgl. philoro 2025a).

„Risk off" (Raus aus dem Risiko) ist die ängstliche Reaktion von Anlegern, die aus riskanten Geldanlagen flüchten. Klassische Beispiele sind die Finanzkrise 2008 oder die Corona-Krise im Jahr 2020. Anleger sahen die anrollende konjunkturelle Verschlechterung, verkauften Aktien als riskante Anlegeklasse und schichteten um in defensivere und sichere Anlageklassen wie Gold. Gold korreliert oft nicht stark mit anderen Anlageklassen, was die Gesamtperformance eines Portfolios verbessern kann.

Privat gehaltene Goldbestände entsprechen etwa 83 % des weltweiten Goldes, davon 45 % in Schmuck. Investments in Barren, Münzen, ETFs und ETCs machen etwa 22 % aus und auf Industie und sonstige Anwendungen entfallen 15 %. Börsengehandelte Gold-ETPs wie Exchange Traded Funds (ETFs) und Exchange Traded Commodities (ETCs) verzeichneten im Jahr 2025 starke Zuflüsse. Auch physische Anlagen in Barren und Münzen legten deutlich zu. Ein anderer Trend zeigte sich im Schmucksegment, wo die Verbrauchernachfrage weltweit sank, insbesondere in Indien und China. Für Konsumenten wird Goldschmuck zunehmend unerschwinglich. Der Anteil von Recyclinggold stieg nur leicht an und blieb 2025 trotz hoher Preise moderat, was als ein Hinweis auf eine zurückhaltende Verkaufsbereitschaft bei privaten Haushalten hindeutet (vgl. fundresearch 2025).

## 1.4 Wirtschaftliche und geopolitische Krisen

Der Goldpreis konnte sich nach dem Ende des Bretton-Woods-Systems 1971 frei nach Angebot und Nachfrage entwickeln. Bis dahin war Gold über den Goldstandard fest mit 35 US-Dollar pro Feinunze an den US-Dollar gekoppelt. 1971 endete dieses System und Gold wurde an den Märkten gehandelt wie andere Rohstoffe. Die Aufgabe der Gold-Dollar-Konvertibilität hatte tiefgreifende Auswirkungen auf die Weltwirtschaft. Die Währungen begannen frei zu schwanken, was zu einer großen Volatilität der Wechselkurse führte. Darüber hinaus hat Gold einen noch wichtigeren Platz eingenommen, nämlich als sichere Investition in Zeiten wirtschaftlicher oder geopolitischer Krisen.

Vor 1971 wurde Gold vor allem als Schmuck oder Sammlermünzen gekauft und weil der Preis durch das Bretton-Woods-System fixiert war, gab es keine Spekulationen wie heute. Anlagegold, beispielsweise in Form von Barren, war für Privatpersonen in vielen Ländern eingeschränkt oder unüblich. Nach Ende des Goldstandards 1971 begann der moderne Goldmarkt und Gold wurde erstmals frei handelbar. Der Preis konnte nun durch Angebot und Nachfrage bestimmt werden und stieg sprunghaft.

Ein Blick auf die vergangenen Jahrzehnte zeigt, dass der Goldpreis manchmal heftig geschwankt hat. Er erreichte Hochs in Krisenzeiten. Immer wieder gab es Phasen der Unsicherheit, die Anlegerinnen und Anleger und auch Zentralbanken Gold zukaufen ließen und damit den Preis nach oben trieben. Höchstpreise wurden zwischen 1979 und 1983 sowie ab 2010 erzielt. Seit 2020 hat der Goldpreis aufgrund der Corona-Krise, der weltweit hohen Inflation und des Kriegs in der Ukraine neue Höhen erreicht.

Die 1970er-Jahre waren geprägt von hoher Inflation und gleichzeitig schwachem Wirtschaftswachstum. Privatanleger investierten in Gold und dessen Preis erreichte erste Höhen. Erst als Paul Volcker neuer Chef der US-Notenbank Fed wurde, die Edelmetallbörsen stärker regulierte und verschprach, die Geldmenge zu beschränken, verflüchtigte sich die Angst. Der Goldkurs stieg jedoch weiterhin durch weitere Krisen, darunter dem Kalten Krieg, das Ölembargo und die sowjetische Invasion in Afghanistan, und erreichte Im Januar 1980 850 US-Dollar je Feinunze, umgerechnet 750 € (vgl. Graf 2025). Die Schwankungen des Goldpreises seit 1971 zeigen Perioden deutlicher Anstiege und Rückgänge, die oft von wirtschaftlichen und geopolitischen Faktoren beeinflusst wurden.

Nach dem Höchststand von 1980 begann der Goldpreis zu sinken. In den 1980er-Jahren wurden die Leitzinsen durch die US-Zentralbank zur Bekämpfung der Inflation gesenkt, was eine dämpfende Wirkung auf den Goldpreis ausübte. Im Jahr 1990 war eine Unze Gold nur noch 400 US-Dollar wert. Dieser Abwärtstrend hielt das ganze Jahrzehnt an und erreichte Anfang 2000 einen Tiefstand von 280 US-Dollar. Die Anleger wandten sich vom Gold ab und bevorzugten andere Vermögenswerte.

Ab 2008 ging die Angst vor einem Zusammenbruch des Finanzsystems und im Anschluss vor einer Schuldenkrise europäischer Staaten und Banken um und der Goldpreis stieg von rund 730 US-Dollar pro Unze im Oktober 2008 auf etwa 1300 US-Dollar im Oktober 2010. Im Jahr 2011 erreichte der Goldpreis ein nie dagewesenes Niveau von mehr als 1900 US-Dollar je Feinunze. Anleger suchten angesichts der Unsicherheit am Markt nach sicheren Häfen und zogen sich aus Aktien zurück. Die Unsicherheit legte sich erst, als der damalige Chef der Europäischen Zentralbank, Mario Draghi, im Sommer 2012 versprach, er werde tun, was nötig sei, um den Euro zu retten.

Der Goldpreis ist in den 2000er-Jahren zunächst gesunken und erreichte Anfang des Jahrzehnts mit rund 280 US-Dollar pro Feinunze einen Tiefpunkt. Nach den Anschlägen vom 11. September 2001 begann jedoch ein deutlicher Aufwärtstrend, der den Goldpreis bis 2011 auf über 1900 US-Dollar pro Unze trieb (vgl. Abb. 1.2).

Ein neuerliches Jahrestief erlebte der Goldpreis im Oktober 2018. Eine Feinunze war nur noch 1180 Dollar (rund 1052 €) wert. Im Sommer 2019 stieg der Goldpreis wieder an. Mit mehr als 1500 US-Dollar erreichte er im Augsust den höchsten Stand seit sechs Jahren. Dabei spielte vor allem Die Weltpolitik eine Rolle: Der Konflikt zwischen den Vereinigten Staaten und dem Iran, der Handelsstreit zwischen China und den USA sowie der Brexit mit unklaren wirtschaftlichen Folgen. Zudem stand der Euro unter Druck. All das hat die Nachfrage nach Gold und somit den Preis steigen lassen (vgl. Graf 2025).

Aktuell erzielt der Goldpreis neue Rekorde, die Preissteigerung stellt alles bisher Dagewesene in den Schatten. Die wirtschaftlichen Verwerfungen durch die Corona-Pandemie haben schließlich seit dem Frühjahr 2020 die Goldnachfrage angetrieben. Im August 2020 überschritt der Weltmarktpreis für eine Feinunze die Marke von 2000 US-Dollar (rund 1720 €). Danach ging es erst wieder ein Stück abwärts, bald darauf setzte sich aber die Rekordjagd fort. Anfang 2022 verteuerte

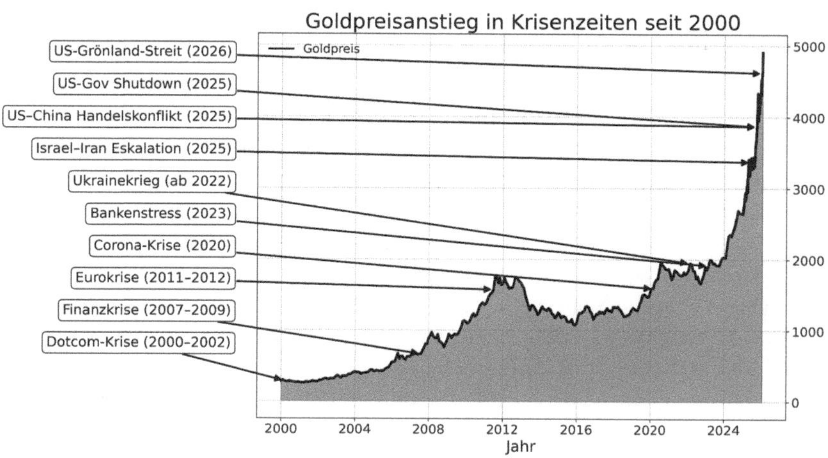


**Abb. 1.2** Goldpreisanstieg in Krisenzeiten. (Quelle: eigene Darstellung)

sich die Feinunze Gold von 1800 US-Dollar (rund 1600 €) auf über 2000 US-Dollar (rund 1800 €). 2024 erzielte der Goldpreis immer neue Höchststände. Lag der Preis zu Jahresbeginn noch bei 2000 US-Dollar (rund 1880 €) pro Feinunze, stieg er schrittweise auf 2790 US-Dollar (rund 2600 €) Ende Oktober 2024. Vor allem die Kriege in der Ukraine und im Nahen Osten, eine stark gestiegene Goldnachfrage in China sowie die Erwartung, dass die Leitzinsen in der zweiten Jahreshälfte 2024 wieder sinken, machten Anlagegold attraktiver (vgl. Graf 2025). Anfang 2025 überschritt der Goldpreis die 2900 US-Dollar Marke. Im März 2025 erreichte Gold die Marke von 3000 US-Dollar pro Unze, im April wurde ein neuer Rekord mit 3500 US-Dollar erreicht. Der Oktober 2025 überraschte mit einem Gold-Allzeithoch von über 4300 US-Dollar pro Feinunze. Im November und Dezember hält sich der Goldpreis bei etwa 4000 US-Dollar (3720 €). Am 29. Januar 2026 erreichte der Goldpreis mit 5594 US-Dollar (4673 EUR) je Feinunze ein neuerliches Rekordhoch. Analysten sehen weitere Aufwärtspotenziale für Gold, da die genannten Faktoren auch 2026 weiter eine Rolle spielen könnten.

## 1.5 Geldpolitik, Zinsen & Inflation

Die Zentralbanken, beispielsweise die Federal Reserve Bank (Fed) oder die Europäische Zentralbank (EZB), steuern durch Leitzinsen und Geldmengensteuerung indirekt den Goldpreis. Leitzinsen bestimmen, zu welchen Konditionen Geschäftsbanken bei der Zentralbank Geld leihen können, was direkt an die Kunden weitergegeben wird. Bei steigenden Zinsen werden Anleihen und Sparkonten attraktiver, weil sie höhere Zinsen abwerfen. Bei sinkenden Zinsen sucht der Anleger alternative Wertspeicher, was Gold attraktiver macht, und die Goldnachfrage erhöht.

Ein wesentlicher Impuls zur Wertsteigerung des Goldes kam von der US-Notenbank Fed (Federal Reserve). Mitte September 2025 senkte sie den Leitzins um 25 Basispunkte. Grund war der schwächelnde Arbeitsmarkt. Erstanträge, ein Begriff, den man aus den USA kennt, stiegen auf 63.000, die höchste Zahl seit fast vier Jahren. Und auch die Arbeitslosenquote kletterte auf 4,3 %. Die Märkte rechnen mit weiteren Zinsschritten in den USA nach unten. Das sogenannte FedWatch Tool zeigte eine Wahrscheinlichkeit von über 70 %, dass der Leitzins bis Jahresende 2025 nochmals sinkt. Das spielte Gold natürlich in die Karten, denn wenn Zinsen sinken, dann sinken auch die sogenannten Opportunitätskosten. Damit ist gemeint, dass Anleger weniger Zinsen verpassen, wenn sie ihr Kapital statt in Anleihen oder Sparprodukte in Gold investieren. Und in einem Umfeld niedrigerer Zinsen ist das entgangene Zinspotenzial gering und Gold wird dadurch attraktiver.

Es zahlt zwar keine Rendite, hat aber auch kein Ausfallrisiko, es ist somit unabhängig vom Zahlungsversprechen Dritter (vgl. Köhne und Summa 2025).

Die Geldmengensteuerung der Zenralbanken hat direkte Auswirkungen auf den Goldpreis. Wenn die Zentralbanken eine expansive Geldpolitik verfolgen, um die Wirtschaft zu stimulieren, sinken die Renditen auf festverzinsten Anlagen wie Staatsanleihen, was Gold als Anlage wiederum attraktiver macht und die Nachfrage nach Gold erhöht, was den Preis in die Höhe treibt. Die Geldmenge hat einen direkten Einfluss auf die Inflation, die Wirtschaftsaktivität und die finanzielle Stabilität eines Währungsraums. Eine zu große Geldmenge kann zu Inflation führen, weil mehr Geld im Umlauf ist als Waren und Dienstleistung zur Verfügung stehen. Dies führt zu steigenden Preisen (vgl. Müller 2025).

Während Fiat-Währungen (Papiergeld) durch Gelddruck inflationieren, bleibt Gold wertstabil. Vor 40 Jahren lag der Goldpreis bei ca. 350 US-Dollar pro Unze, heute sind es mehr als 4000 als 4700 US-Dollar (Stand April 2026). Gold wird oft als Absicherung gegen Inflation betrachtet. Wenn die Inflation steigt oder die Zinsen niedrig sind, suchen Anleger oft nach alternativen Anlagen wie Gold, was den Preis steigen lassen kann. Umgekehrt sinkt der Goldpreis oft, wenn der Dollar stärker wird. Da Gold international in US-Dollar gehandelt wird, hat die Stärke oder Schwäche des US-Dollars einen erheblichen Einfluss auf den Goldpreis. Wenn der Dollar schwächer wird, wird Gold für Investoren außerhalb der USA erschwinglicher, was die Nachfrage erhöht und zu Preissetigerungen führt. Umgekehrt sinkt der Goldpreis oft, wenn der Dollar stärker wird.

## 1.6 Goldpreisprognose

Das Jahr 2025 war für Gold mit einer dynamischen Aufwärsbewegung hinsichtlich des Preises geprägt. Nach einem starken Jahresbeginn erreichte der Goldpreis im Oktober ein neues Allzeithoch von über 4300 US-Dollar pro Feinunze. Der Preis legte 2025 teilweise über 50 Prozent zu. Bereits im Jänner 2026 hat der Goldpreis mit 5598 US-Dollar pro Feinunze einen neuen Rekord aufgestellt. Analysten rechnen langfristig mit weiteren Preisanstiegen (Stand 2025).

Seit der Rückkehr von Donald Trump als US-Präsident ins Weiße Haus ist die internationale Lage deutlich unruhiger. Neue Handelskonflikte, Strafzölle, die sich von Monat zu Monat ändern und die öffentlichen Attacken gegen die US-Notenbank Fed haben die Märkte nachhaltig verunsichert. Donald Trump hat beispielsweise versucht, Notenbankgouverneure wie Lisa Cook zu entlassen, die weltweit Zweifel an der Unabhängigkeit der US-Notenbank gesät hat. Solche Eingriffe erschüttern das Vertrauen in Währungen und fördern im Umkehrschluss die Flucht in Sachwerte wie Gold (vgl. Köhne und Summa 2025).

Auch in Europa bleibt es turbulent. Italien steckt in einer Regierungskrise. In Frankreich tritt nach Francois Bayrou Premierminister Sebastian Lecurnu nur wenige Wochen nach Amtsantritt zurück. Die Lage ist sehr angespannt und mit einer Verschuldung von über 114 % des Bruttoinlandsproduktes und einem Haushaltsdefizites von knapp sechs Prozent hat auch die Rating Agentur Fitch die Kreditwürdigkeit Frankreichs noch einmal abgestuft von AA- auf A+. Wenn Investoren das Vertrauen in Staatsanleihen verlieren, dann sind Edelmetalle wie Gold die stabilste Alternative (vgl. Köhne und Summa 2025).

Das Marktumfeld für Gold wird als klar positiv eingeschätzt. Besonders die Zahlen zu Angebot und Nachfrage im dritten Quartal 2025 deuten darauf hin, dass die Zentralbanken ihre starke Kaufaktivität fortsetzen. Auch die geopolitische Lage bleibt ein Einflussfaktor: Die laufenden Gespräche über ein mögliches Ende des Ukraine-Kriegs wirken weiterhin auf die Rolle von Gold als Krisenwährung (vgl. Hammer 2025). Jedoch könnte eine deutliche Korrektur an den Aktienmärkten den Goldpreis senken, ebenso ein weniger expansiver geldpolitischer Kurs der US-Notenbank Fed. Auch eine geopolitische Entspannung – etwa im Russland-Ukraine-Konflikt – könnte kurzfristig Druck erzeugen. Zudem könnten Zentralbanken ihr Kaufthempo drosseln. Und historisch betrachtet folgten auf reale Goldpreissprünge häufig spürbare Gegenbewegungen (vgl. Hammer 2025).

# 2 Von der goldgedeckten Währung zur Fiat-Währung

Der Übergang von einer goldgedeckten Währung zur Fiat-Währung stellt einen Meilenstein in der Geldgeschichte dar. Während der Goldstandard den Wert des Geldes durch physische Reserven absicherte und damit Stabilität bot, beruht Fiat-Geld allein auf dem Vertrauen in staatliche Institutionen und die Wirtschaftskraft. Diese Umstellung ermöglichte eine flexible Geldpolitik, brachte jedoch auch Risiken wie Inflation mit sich. Ausgelöst wurde der Abschied vom Goldstandard vor allem durch den wachsenden Bedarf an Liquidität, um Konjunktur und Staatsfinanzen zu stützen.

## 2.1 Internationaler Goldstandard – Gold als Währungsdeckung

Wenn die Einheit einer Währung als eine bestimmte Menge in Gramm Gold oder Silber festgelegt ist, spricht man von einem Gold- oder Silberstandard. In früheren Jahrhunderten bestanden die Zahlungsmittel bzw. die Münzen tatsächlich aus dem jeweiligen Edelmetall. Beginnend im 18. Jahrhundert wurde das umlaufende Gold und Silber zunehmend durch Papiergeld sowie durch Münzen aus unedlen Metallen wie Kupfer, Nickel oder Messing ersetzt. Der Staat und die notenausgebenden Banken, die Vorläufer der heutigen Zentralbanken, versprachen dabei, das Papiergeld auf Wunsch jederzeit in Silber- und Goldmünzen umzutauschen. Dafür benötigten sie ausreichende Reserven an diesen werthaltigen Metallen. Über die Zeit wurden immer größere Mengen des Währungsmetalls – Ende des 19. Jahrhunderts also Gold – bei den Zentralbanken konzentriert (vgl. ÖNB 2023, S. 10).


E. Strauß, *Vermögensanlage in Gold*, essentials,
https://doi.org/10.1007/978-3-658-51779-3_2

Die verfügbaren Goldbestände der Zentralbanken bildeten die Basis für die umlaufende Menge an Papiergeld. Die Währungen waren in diesem *„Klassischen Goldstandard"* vollständig durch Gold gedeckt und konnten jederzeit in Gold umgetauscht werden. Die Geldmenge war also an die Menge der gelagerten Goldreserven der entsprechenden Zentralbank gebunden und konnte nicht beliebig gesteigert werden. Damit waren auch die Wechselkurse der Währungen fixiert, was wiederum den internationalen Handel als auch die Investitionen förderte. In den Ländern mit Goldwährung selbst verhinderte die Goldbindung eine übermäßige Expansion der Geldmenge und damit Inflation (vgl. ÖNB 2023, S. 11).

Tatsächlich führte die Einführung des Goldstandards in den meisten europäischen Ländern in den 1870er-Jahren zu einer Verknappung von Gold und zu einem Rückgang des allgemeinen Preisniveaus, das bis in die 1890er-Jahre anhielt. Sinkende Preise wiederum erwiesen sich als problematisch für Schuldnerinnen und Schuldner, die nun die nominell gleichbleibenden Zinsen und Rückzahlungen aus sinkenden Einkommen leisten mussten. Das betraf insbesondere landwirtschaftliche Betriebe, aber auch ganze Staaten. Vor allem in Lateinamerika und der europäischen Periphärie kam es wiederholt zu Schulden- und Finanzkrisen. Der Mangel an Gold wurde nach dem Ersten Weltkrieg akut. Während des Krieges waren die Preise angestiegen und zudem war relativ wenig Gold vorhanden, um die umlaufende Geldmenge aller Währungen zu decken. Eine Lösung war, dass die Zentralbanken zusätzlich zu Gold auch US-Dollar und Pfund Sterling zur Bedeckung ihrer Währung heranzogen. Dieser *„Gold-Exchange-Standard"* ermöglichte eine indirekte Golddeckung, aber der Wert der Währung war nicht mehr eins zu eins durch Gold gedeckt, sondern die Währungseinheit war durch einen bestimmten Anteil an Gold gedeckt, ein 50-Dollar-Schein war beispielsweise durch 20 Dollar in Gold gesichert. Damit war weniger Gold nötig, aber das System wurde zunehmend anfälliger für Vertrauenskrisen, wie sich sowohl in der Zwischenkriegszeit als auch in den 1960er-Jahren zeigen sollte (vgl. ÖNB 2023, S. 12).

Während des Ersten Weltkrieges wurden die Gold- und Devisenreserven der Notenbanken zur Kriegsfinanzierung drastisch reduziert und der Goldstandard wurde in einigen Ländern vorübergehend aufgegeben. Um die hohen Kriegskosten zu decken, musste Geld unabhängig von der Höhe der Goldreserven gedruckt werden. Die massiv gestiegene Geldmenge führte zur Inflation (vgl. ÖNB 2023, S. 14). Ab 1921 geriet die Preisentwicklung gänzlich außer Kontrolle, die massiv angewachsene Banknotenmenge war kaum durch Gold gedeckt, es kam zur Hyperinlation: Das Geld zerrann den Menschen buchstäblich zwischen den Fingern, verfiel teilweise monatlich um mehr als die Hälfte seines Wertes (vgl. ÖNB 2023, S. 16).

Unter dem Einfluss internationaler Vorgaben, wie der des Völkerbundes und vor allem des Gouverneurs der Bank of England, sollten die Nationalbanken möglichst schnell wieder zum Goldstandard der Vorkriegszeit zurückkehren. Der Glaube an Gold als Grundlage des Geldes war bei vielen Politikern und internationalen Bankiers tief verankert, und die Chefs des britischen Noteninstituts und der Federal Reserve Bank (Fed) of New York waren deren überzeugteste Anhänger (vgl. ÖNB 2023, S. 16). Das große Ziel, die Hyperinflation einzudämmen und die Währungen zu stabilisieren, gelang. Eine der Vorgaben des Völkerbundes, die Notenbanken sollten möglichst hohe Gold- und Devisenreserven anlegen, erfüllten diese konsequent, auch nach Aufhebung der Völkerbundkontrolle. Die Zeit der wirtschaftlichen Blüte hielt nicht lang, ihr Ende wurde durch ein weit entferntes Ereignis eingeläutet: Am 29. Oktober 1929, dem „Schwarzen Dienstag", brachen an der New Yorker Börse als Folge jahrelanger Überspekulation die Kurse ein. Die schwere Finanz- und Wirtschaftskrise erreichte bald eine globale Dimension. In den USA brach die Industrieproduktion um fast 50 % ein. Dies hatte verheerende Auswirkungen auf die Weltwirtschaft, stammte doch fast die Hälfte der Industrieerzeugnisse aus den USA. Konjunkturschwäche und Massenarbeitslosigkeit waren in vielen Ländern die Folge. Die Weltwirtschaftskrise machte auch deutlich, dass der bisher als Ideal angesehene Goldstandard nicht mehr tragbar war. Die Bindung der Geldmenge an Gold verhinderte eine wachstumsfördernde Wirtschaftspolitik und die Unterstützung der krisengeschüttelten Bankensysteme. Der große Paukenschlag erfolgte im September 1931, als das Vereinigte Königreich den Goldstandard aufgab – das Pfund Sterling war damit nicht mehr in einer festgelegten Menge Gold definiert. Andere Länder, wie die USA, behielten den Goldstandard vorerst bei. Bis Ende der 1930er-Jahre hatten die USA, wie auch alle anderen Staaten, den Goldgehalt ihrer Währungen reduziert oder die Einlösbarkeit ihrer Währungen in Gold eingestellt (vgl. ÖNB 2023, S. 17–18).

Goldverbot: Immer wieder kam es in der Geschichte vor, dass der Goldbesitz ganz normaler Bürger von der Obrigkeit verboten wurde. Goldverbote wurden dabei nicht nur in autoritären oder totalitären Staaten durchgesetzt, sondern auch in etablierten Demokratien. Goldverbote waren ein Mittel, um die eigene Währung zu kontrollieren oder die Staatsfinanzen in den Griff zu bekommen. Das beginnt im Rom Cäsars, findet sich im Kaiserreich China und setzt sich fort bis ins revolutionäre Frankreich. Auch im 20. Jahrhundert finden sich Goldverbote in zahlreichen Ländern auf der ganzen Welt. In der Weimarer Republik (1918 bis 1933) war der private Goldbesitz bis 1923 beschränkt worden. Unter den Nazis wurde in Deutschland und Österreich nicht nur der private Goldbesitz verboten, sondern auch Gewerben untersagt, bestimmte Edelmetalle zu besitzen. Deutsche „Devisenschutzkommandos" waren unterwegs, um Gold, Silber sowie andere Werte zu beschlagnahmen bzw. zwangsweise anzukaufen. Nach dem Krieg verhängten dann die Siegermächte ein Goldverbot, das bis 1955 aufrecht blieb. Bei einem Goldbesitzverbot werden Privatpersonen verpflichtet, dem Staat ihr Gold (jedenfalls Anlagemünzen und Barren) zu einem festgelegten Goldpreis zu verkaufen. Lediglich der Besitz von Goldschmuck und teilweise Sammlermünzen ist meist bis zu einer gesetzlich geregelten Obergrenze legal. Zusätzlich wird häufig ein Handelsverbot für Gold, Silber und andere Edelmetalle durchgesetzt, sodass Münzen und Barren nicht, oder nur mit Sondererlaubnis (Gewerbe) gehandelt werden dürfen. In der Geschichte waren diese Goldverbote allerdings nur sehr schwer duchsetzbar, denn viele Bürger versteckten ihr Gold, anstatt es bei offiziellen Stellen abzuliefern, und der Handel mit Gold und Silber blühte, auch als er verboten war (vgl. goldundco 2022).

## 2.2 Bretton Woods System

Bereits währed des Zweiten Weltkrieges liefen in den USA und Großbritannien intensive Planungen für die Gestaltung der internationalen Währungsordnung nach dem Krieg. Die Zwischenkriegszeit hatte gezeigt, wie aus fehlender Koordination zwischen den Staaten Abwertungen einzelner Währungen und aus als Gegenreaktion eingeführten Schutzzöllen eine negative Spirale entstehen konnte, die schlussendlich dem internationalen Handel und damit den Wirtschaften aller Länder schadete. Ziel war es daher, die Wechselkurse zwischen den Ländern zu stabilisieren und so den freien Handel zu fördern. Es blieb dabei offen, wie zwischen den Staaten und hohen Zahlungsbilanzüberschüssen und -defiziten umgegangen werden sollte, ohne die Stabilität der Währungsordnung oder den freien Handel zu gefährden (vgl. ÖNB 2023, S. 17).

Im Juni 1944 erzielten die in Bretton Woods in New Hampshire, USA, versammelten Vertreter aus 44 Ländern schließlich einen Kompromiss (vgl. Abb. 2.1). Die Teilnehmer der Konferenz einigten sich auf die *Schaffung eines Systems fester Wechselkurse, bei dem alle Währungen an den US-Dollar gebunden waren und der US-Dollar selbst an Gold gebunden war (Bretton Woods System).* Der Dollar wurde zur weltweit anerkannten Leitwährung. Die Vereinigten Staaten verpflichteten sich, Gold unbegrenzt zu einem festen Preis von 35 US-Dollar pro Unze zu kaufen und zu verkaufen. Die Konvertibilität in Gold stand jedoch nur ausländischen Regierungen zur Verfügung, nicht den normalen Bürgern. Die Ergbenisse der Konferenz führten auch zur *Schaffung des Internationalen Währungsfonds (IWF) und der Weltbank,* die beide 1945 gegründet wurden. Bei Ungleichgewichten zwischen den Ländern, also etwa einem hohen Zahlungsbilanzdefizit, sollte zuerst der IWF helfend eingreifen. In zweiter Linie war es dann möglich, den Wechselkurs anzupassen, im Fall eines Defizits also abzuwerten. Damit sollten einerseits die Wechselkurse stabil

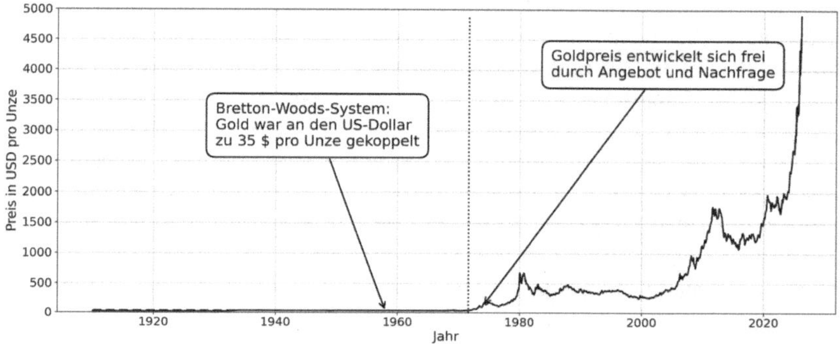


**Abb. 2.1** Bretton-Woods-System. (Quelle: eigene Darstellung in Anlehnung an reale Daten aus latest.csv (FreeGoldAPI), Zeitraum 1910–2026; Freie historische Goldpreisdaten aus latest.csv (FreeGoldAPI, World Bank Commodity Prices, Yahoo Finance), Zeitraum 1910–2026, eigene Aufbereitung und Monatsaggregation)

bleiben, andererseits den Staaten aber die Möglichkeit gegeben werden, auf Wirtschaftkrisen zu reagieren (vgl. ÖNB 2023, S. 25).

Die Stabilität der Währungen ergab sich nun aus der Bindung an den US-Dollar. Anders als im Goldstandard von 1914 hatten Privatpersonen keine Möglichkeit mehr, ihre Banknoten gegen Gold einzutauschen, auch nicht in den USA. Das neue System zeigte weitere Schwächen. Die nach dem Zweiten Weltkrieg nun stark wachsende Wirtschaft und der boomende internationale Handel erforderten mehr Zahlungsmittel und daher mehr US-Dollar. Mit diesem Bedarf konnte die Förderung von Gold nicht mithalten und bald überstieg die Menge der im Ausland gehaltenen US-Dollar die Goldreserven der USA – die Bindung des US-Dollars an Gold war damit in Gefahr (vgl. ÖNB 2023, S. 26).

Als zu Beginn der 1950er-Jahre der während des Krieges geschlossene Londoner Goldmarkt wieder öffnete, ergaben sich Probleme. Wurde Gold anfangs zum offiziellen Preis von 35 US-Dollar pro Unze gehandelt, geriet der Preis im Lauf der 1950er-Jahre zunehmend unter Druck. Erwartungen, dass die Inflation in den USA steigen und die US-Regierung zu einer Abwertung des US-Dollar (also zur Festsetzung eines höheren US-Dollar-Preises je Feinunze Gold) gezwungen sein könnte, erhöhten die Nachfrage nach Gold zusätzlich. 1960 schlossen sich die führenden Zentralbanken im sogenannten Goldpool zusammen, um durch Marktinterventionen den zeitweise bereits auf 40 US-Dollar gestiegenen Goldpreis zu drücken. Nachdem die Zentralbanken untereinander weiterhin zum offiziellen Preis von 35 US-

Dollar handelten, wurde die Preisbildung auf dem neu geschaffenen privaten Markt freigegeben. Aber hohe Staatsausgaben, Staatsverschuldung und steigende Inflation verringerten das Vertrauen in den US-Dollar weiter. Im August 1971 kündigte US-Präsident Richard Nixon schließlich an, dass die USA die Konvertierbarkeit des US-Dollar in Gold aussetzen würden, was das Ende des Bretton-Woods-Systems und den *Übergang zu einem flexiblen Wechselkurssystem* markierte (vgl. ÖNB 2023, S. 26).

Die zentrale Säule des Systems von Bretton Woods, US-Dollar jederzeit in Gold eintauschen zu können, war eingestürzt und das System von Bretton Woods und damit die Goldbindung wurde in mehreren Stufen zwischen 1971 und 1973 abgeschafft. Im August 1971 beendete der amerikanische Präsident Richard Nixon die Bindung des US-Dollars an Gold. Im Laufe der 1970er-Jahre gaben dann Deutschland und andere Länder die festen Wechselkurse zwischen ihren Währungen und dem Dollar auf und liberalisieren ihren Kapitalverkehr. Die Geldpolitik, die damit ihren nominalen Anker verloren hatte, orientierte sich fortan am Preisniveau und an der Inflationsrate. In den 1990er-Jahren wählten viele Zentralbanken ein explizites Inflationsziel (vgl. ÖNB 2023, S. 27) Der in dieser Zeit geschaffene Internationale Währungsfonds (IWF) und die Weltbank blieben erhalten.

## 2.3 Heutige Fiat-Währungen

Seit 1971, mit dem Ende des Bretton Woods Systems, sind Währungen wie der Euro und der US-Dollar nicht (mehr) an Gold gebunden und werden als reine Papierwährungen (Fiat-Währungen) ausgegeben, die durch Vertrauen in die ausgebende Zenralbank und des Staates gestützt werden. Fiatgeld bezeichnet nationale Währungen, die im Unterschied zu Warengeld, wie Gold oder Siber, von Staaten und Regierungen über die Zentralbanken „künstlich“ geschaffen werden. „Fiat“ kommt aus dem Lateinischen und es bedeutet „es sei“; die Fiat-Währung gilt als Geld, weil der Staat es so bestimmt. Die im Fiat-System verwendete Währung ist mit einem bestimmten Wert assoziiert. Der wesentliche Faktor, der den Wert einer Fiat-Währung bestimmt, ist das Vertrauen, das ihr entgegengebracht wird. Dieses Vertrauen basiert auf der Akzeptanz, dass andere Marktteilnehmer ihre Leistung und Ware gegen dieses Geld aushändigen. Fiat-Währungen sind zwar für alltägliche Transaktionen praktischer als Gold, unterliegen jedoch Wertschwankungen (vgl. studysmarter 2023).

Heute sind alle Währungen der Welt Fiat-Währungen. Die Regierungen können somit die Geldmenge dem wirtschaftlichen Bedarf anpassen und mehr Geld schaffen, wenn dieses benötigt wird, etwa in Kriegen oder Krisen. Wird jedoch zu viel

Geld geschaffen, kann dies zu Inflation, also zum Wertverlust, führen. Die Zentralbank ist die wichtigste Bank eines Landes oder Währungsraums. Sie gibt Banknoten aus, verwaltet Währungsreserven und sorgt für ein stabiles Geldsystem. Ihr wichtigestes Ziel ist die Preisniveaustabilität.

Die Geldmengenpolitik ist ein wichtiges Instrument der Zentralbanken, mit dessen Hilfe der Geldbestand in einer Wirtschaft gesteuert wird. Es handelt sich um eine spezifische Form der Geldpolitik, die darauf abzielt, die Inflation zu kontrollieren und das Wirtschaftswachstum zu fördern. Eine der gängigsten Maßnahmen zur Kontrolle der Geldmenge ist die Manipulation des Zinsniveaus durch die Zentralbanken. So können durch das Senken des Zinses die Kreditkosten gesenkt und somit Investitionen und Konsum angeregt werden. Eine Erhöhung des Zinses hingegen dämpft die Kreditnachfrage und wirkt inflationären Tendenzen entgegen. Darüber hinaus kann die Zentralbank durch Offenmarktgeschäfte die Geldmenge steuern. Dabei kauft oder verkauft sie Wertpapiere, um frisches Geld in den Markt zu pumpen oder umgekehrt Geld aus dem Markt herauszuziehen. In der Regel verfolgt die Zentralbank mit ihrer Geldmengenpolitik konkrete Ziele wie Preisniveaustabilität, einen hohen Beschäftigungsgrad, außenwirtschaftliches Gleichgewicht und angemessenes Wirtschaftswachstum. Um ihre geldpolitischen Ziele effektiv umsetzen zu können, muss sie unabhängig von politischen Interessen handeln können (vgl. studysmarter 2023). Die Unabhängigkeit der Zentralbanken ist entscheidend für ihre Glaubwürdigkeit und Effektivität. Sie möglicht es ihnen, geldpolitische Entscheidungen frei von politischem Druck zu treffen und sich auf langfristige Ziele zu kontrollieren.

Wenn Zentralbanken in ihrer Geldmengenpolitik zu viel neues Geld in Umlauf bringen, verliert bestehendes Geld an Wert. Ein guter Indikator dafür ist die sogenannte M2-Geldmenge. Sie umfasst das gesamte Bargeld, die Sichteinlagen auf Bankkonten sowie kurzfristige Sparguthaben – also das „flüssige" Geld, das schnell verfügbar ist. Seit 2007 ist die weltweite M2-Geldmenge um satte 200 % auf über 110 Billionen US-Dollar angestiegen. Diese Expolsion erklärt, warum nicht nur Alltagswaren teurer werden, sondern auch der Goldpreis neue Höhen erreicht. Zudem türmt sich weltweit ein immer größerer Schuldenberg auf – mittlerweile über 224 Billionen Dollar. Um diese Schulden zu bedienen, bleibt vielen Staaten langfristig nur die Flucht in noch ausgiebigeres Gelddrucken. Das wiederum schwächt Fiat-Währungen und spricht für eine anhaltende Nachfrage nach Gold (vgl. finanztrends 2025).

Die Abwertung der Fiat-Währungen gibt oft Anlass zur Sorge und ein schwächerer US-Dollar hat eine direkte Auswirkung auf den Goldpreis. Gold wird in US-Dollar gehandelt, weil der US-Dollar die weltweit anerkannte Leitwährung ist und die meisten Rohstoffe sowie Zentralbankreserven in Dollar geführt werden. Diese historische Verbindung stammt aus dem Bretton-Woods-System, das den US-Dollar an Gold koppelte. Heute beeinflusst der US-Dollarkurs den Goldpreis: Steigt der US-Dollar, wird Gold für Käufer außerhalb der USA teurer, was die Nachfrage senken und den Preis drücken kann. Ein schwächerer US-Dollar macht Gold im globalen Vergleich günstiger, was die Nachfrage und damit den Preis tendenziell steigert.

Innovationen bei Fiat-Währungen, etwa digitalen Währungen, könnten ebenso die Beziehung zwischen Gold und Währungen beeinflussen. Diese neuen Geldformen bieten zwar mehr Flexibilität, ersetzen jedoch nicht den inneren Wert von Gold. Gold bleibt ein materieller Vermögenswert, während digitale Währungen von Technologie und Benutzervertrauen abhängen.

Die Zukunft von Gold und Fiat-Währungen ist ungewiss, doch Gold wird vermutlich weiterhin eine Schlüsselrolle in der globalen Wirtschaftslandschaft spielen (vgl. Börsenmarkt Editorial 2024).

## 2.4 Können wir zum Goldstandard zurückkehren?

Die Problematik ist grundsätzlicher Natur: Die Goldbindung beschränkt die maximale Ausweitung der Zentralbankgeldmenge. Diese Beschränkung ist erwünscht, da sie die Zentralbank diszipliniert und (hohe) Inflation verhindert. Andererseits führt es zu einer strukturellen Knappheit an Zahlungsmitteln, wenn die Wirtschaft rascher wächst als das für Wärhungszwecke verfügbare Gold. Die Risiken werden meist in Wirtschaftskrisen schlagend, wenn stimulierende Maßnahmen nötig wären, diese aber durch die beschränkten Reserven verunmöglicht werden. Besonders dramatisch erweist sich diese Beschränkung in Finanzkrisen, wenn die Nachfrage nach Zentralbankgeld plötzlich ansteigt, weil Sparerinnen und Sparer sowie Anlegerinnen und Anleger dem Bankensystem nicht mehr vertrauen. Ist der Liquiditätsbedarf sehr hoch, steht die Zentralbank vor einem Dilamma: Entweder stoppt sie die Kreditvergabe, um die Währung zu schützen, und riskiert eine Verschärfung der Finanzkrise oder sie befriedigt den Bedarf an Zentralbankgeld und nimmt einen Rückgang der Golddeckung in Kauf, was in der Folge zu einem Run auf die Währung führen kann (vgl. ÖNB 2023, S. 12).

### 2.4.1 Ankündigung der Einführung des Goldstandards in Zimbabwe und Ghana

Die Vorteile eines Goldstandards für kleinere afrikanische Länder sind nicht von der Hand zu weisen. Eine goldgedeckte Währung kann die Inflation dämpfen, das

Vertrauen der Investoren stärken und die Abhängigkeit vom US-Dollar verringern. Dies könnte wiederum zu einer größeren wirtschaftlichen Selbstbestimmung und Stabilität führen.

In *Zimbabwe* gab es im Januar 2024 die kühne Ankündigung, dass man einen Goldstandard einführen möchte. Zimbabwe ist ein Beispiel dafür, wie eine Währung mit Hyperinflationsraten von teilweise 500 % im Jahr zugrunde gehen kann. Im April 2024 führte Zimbabwe tatsächlich einen Teil-Goldstandard ein. Sie verwenden nun Gold sowie US-Dollar zur Deckung der neuen Währung ZIG (Zimbabwe Gold). Die Inflation ging wohl zurück, denn es erfolgte eine Aufwertung des Zimbabwe-Dollars. Der Wechselkurs ist im Vergleich zum US-Dollar von 1:40.000 zu 1:15.000 gesunken, das heißt es gibt durchaus ein gewisses erhöhtes Vertrauen in die Währung verglichen mit vorher. Im weiteren Schritt muss beobachtet werden, ob das gewonnene Vertrauen Investoren anzieht und wie sich die Schwarzmarkpreise verhalten werden (vgl. Hell investiert 2024).

Diesem Beispiel folgt ein weiteres afrikanisches Land, denn es spricht nun auch *Ghana* davon, einen Goldstandard einzuführen, zumindest war dies im Wahlkampf 2024 ein Thema. Es ist das Versprechen einer Partei, sie würde die Volatilität und die Schwankungen der Landeswährung Cedi regulieren, indem sie die Währung mit Gold deckt bzw. auch Gold hinterlegt. Diese Idee ist bereits im Juni 2021 aufgekommen, weil damals in Ghana das sogenannte Domestic Gold Purchase Program aufgelegt wurde, wobei man perspektivisch die ghanaische Währung Cedi mit Gold hinterlegen möchte. Mit diesem Goldkaufprogramm strebt man an, von lokalen Minen Gold aufzukaufen, um die heimischen Goldbestände auszubauen. Wenn man einen Blick auf die ghanaischen Goldreserven wirft, zeigt sich allerdings, dass sich der Wert nur marginal bewegt und dieses Programm nicht ausgeführt wird. Ghana müsste seine Goldreserven erheblich aufstocken, um einen vollwertigen Goldstandard einzuführen, was erhebliche finanzielle Investitionen erfordern würde. Sollte Ghana jedoch erfolgreich einen Goldstandard einführen, könnte dies ein interessantes wirtschaftliches Experiment darstellen und möglicherweise weitere Länder dazu inspirieren, ähnliche Maßnahmen zu ergreifen. Derzeit hat dies jedoch keine bedeutenden Auswirkungen auf den globalen Goldpreis, weil die benötigten Mengen im Vergleich zum weltweiten Goldmarkt gering sind (vgl. Hell investiert 2024).

# Investment in Gold

# 3

Im Gegensatz zu Aktien und Anleihen, die von der Leistung und Glaubwürdigkeit Dritter abhängen, ist der Wert von Gold in sich geschlossen. Gold konnte über 3000 Jahre lang seinen Wert behalten. Man kann das Edelmetall jederzeit verkaufen, wenn man eine Währung benötigt. Im Laufe der Zeit hat sich der Kauf von Gold immer wieder als zuverlässiger Wertspeicher erwiesen. Weitere Gründe für das Investment in Gold sind die Diversifikation des Portfolios, die Unabhängigkeit von Banken und Staaten, die Möglichkeit der Absicherung in unsicheren Zeiten sowie die physische Sicherheit des Besitzes von realem Gold.

## 3.1 Papiergold-Anlage: ETCs und ETFs

Wer in Gold investieren möchte, stößt bald auf Gold-ETFs und Gold-ETCs. Sowohl Gold-ETFs (Exchange Traded Funds) wie auch Gold-ETCs (Exchange Traded Commodities) sind börsengehandelte Finanzprodukte auf Gold. Der Wortstamm Exchange Traded (ET) steht dabei für „Börsenhandelbarkeit". Da beim Börsenhandel kein echtes Gold zwischen Anlegern übergeben wird, werden sie auch *Papiergold* genannt. Der Käufer erhält lediglich eine Forderung gegenüber dem ETF- oder ETC-Anbieter, die je nach AGB des Anbieters in bar (durch Veräußerung der Anteile) oder in Gold (Edelmetall) beglichen werden kann (bei Letzterem können Extragebühren anfallen). Der Handel der beiden Finanzprodukte erfolgt elektronisch und sekundenschnell (vgl. Gold.de 2024a).

Unter ETFs und ETCs im engeren Sinne werden *Indexfonds* verstanden. Es gibt eine Basis, den sogenannten Index. Dessen Wertentwicklung wird automatisiert nachgebildet. Indexfonds gelten als besonders kostengünstig, weildie Gebühren


E. Strauß, *Vermögensanlage in Gold*, essentials, https://doi.org/10.1007/978-3-658-51779-3_3

für die Verwaltung aufgrund der automatisierten Nachbildung des zugrunde liegenden Indexes sehr gering sind. Da einige ETFs und ETCs auch physisches Gold einlagern (zum Beispiel in den Tresoren der Deutschen Börse AG), fallen im überschaubaren Maße natürlich auch Kosten für die Lagerung an (vgl. Gold.de 2024b).

In Europa werden für den Handel mit Gold häufig Gold-ETCs statt Gold-ETFs verwendet, weil ETFs in der EU nicht für einzelne Rohstoffe wie Gold zugelassen sind.

### 3.1.1 Gold-ETCs

Bei Gold-ETCs, also Exchange Traded Commodities (börsengehandelte Rohstoffe) handelt es sich um physisch hinterlegte Gold-Anleihen; das physische Gold dieser Produkte ist in Hochsicherheitslagern hinterlegt. ETCs können fortlaufend an der Börse gehandelt werden. Gold-ETCs vollziehen den Goldpreis und die Goldpreisentwicklung annähernd eins zu eins nach (vgl. Mencin 2025). ETCs investieren ausschließlich in eine einzige Rohstoffklasse – in diesem Fall Gold. Beim ETC-Investment handelt es sich um eine Schuldverschreibung. Für Anleger und Anlegerinnen sind Gold-ETCs praktisch, weil sie so genau festlegen können, wie hoch der Goldanteil im Wertpapierdepot ist.

Wer mit physischem Gold hinterlegte Goldanleihen (ETCs) im Depot hat, kann Kursgewinne nach einem Jahr Haltedauer *steuerfrei* kassieren. Dies hat der deutsche Bundesfinanzhof (BFH) schon vor Jahren für Xetra-Gold entschieden. Das Bundesfinanzministerium (BMF) hat die BFH-Urteile später durch Erlasse bestätigt. Demnach müssen Finanzämter Gewinne aus dem Verkauf von Gold-ETCs, die einen Lieferanspruch auf physisches Gold grammgenau verbriefen, nach einem Jahr Haltedauer als steuerfrei behandeln. Das trifft beispielsweise auch auf die bei Anlegern beliebten ETCs Euwax Gold II und WisdomTree Physical Swiss Gold zu. Im Gegenzug sind hier außerhalb der Jahresfrist realisierte Verluste für diese Produkte nicht mehr steuermindernd verrechenbar (vgl. Rullkotter 2025).

Gold-ETCs sind häufig vollständig mit Gold besichert. Der Emittent (Herausgeber) des Gold-ETCs kann das Kapital des Anlegers aber nicht nur mit physischem Gold decken, sondern zu einem Teil auch mit Lieferansprüchen auf Gold (Buchgold). Das heißt, dass die Anleger mit dem Kauf eines Gold-ETCs das *Anrecht auf die Lieferung von Gold in Form von Barren und Münzen* erwerben. Die Kosten und Mindestmengen für die Auslieferung hängen vom jeweiligen ETC ab und können je nach Stückelung variieren (vgl. Mencin 2025).

Schauen wir auf die beliebtesten Anbieter von Gold-ETCs, zu denen Xetra-Gold, Euwax Gold II und der Invesco Physical Gold ETC gehören. Xetra-Gold liefert nicht direkt an Privatanschriften aus. Die Lieferung erfolgt stattdessen ausschließlich über die Hausbank oder eine Bankfiliale, die der Anleger oder die Anlegerin vorher angibt. Die Kosten dafür sind unter anderem von der Menge (ab ein Gramm möglich) und der Entfernung abhängig. Für einen einzigen Kilobarren liegt man etwa bei 374 €, die der Emittent verlangt – bei Xetra-Gold ist das die Deutsche Börse Commodities. Euwax Gold II dagegen ermöglicht eine Lieferung ab 100 g Gold an Privatadressen, und das kostenlos, kleinere Mengen verursachen aber Liefer- und Formgebüren, abhängig von genauer Menge und Entfernung. Der Invesco-Gold-ETC bietet dagegen derzeit überhaupt keine Auslieferoption an. Wenn man Gold-ETCs über Direktbanken kauft, wird es noch teurer, denn einige beliebte Direktbanken lassen sich den Auslieferungsservice gut bezahlen. Es empfiehlt sich, eine Auslieferung des Goldes im Prinzip gar nicht in Betracht zu ziehen (vgl. Stiftung Warentest 2025).

Rechtlich gesehen sind ETCs unbefristete *Schuldverschreibungen.* Wird der Emittent der ETCs zahlungsunfähig, dann unterliegen ETCs dem Insolvenzverfahren. Das Anrecht des Gold-ETC-Investors auf die Lieferung von Gold hilft dann nur wenig. Die Investition ist Teil der Insolvenzmasse und der Investor könnte dabei ganz leer ausgehen (vgl. Mencin 2025). Doch die Gefahr eines Bankrotts liest sich dramatischer als sie tatsächlich ist, denn Gold-ETCs haben im Hintergrund reales Goldvermögen, sie sind also mit echten Barren abgesichert. Das Anlegergeld fließt in den Kauf von Barren, die registriert und in Tresoren verwahrt werden. Der bekannteste Anbieter ist Xetra-Gold, und der listet auf seiner Internetseite unter „Bestand" alle gekauften Barren transparent auf (vgl. Stiftung Warentest 2025).

### 3.1.2 Gold ETFs

Gold-ETFs sind zu einer beliebten Option für diejenigen geworden, die in Gold investieren möchten, ohne das Metall physisch besitzen zu müssen. Ein Gold-ETF oder Exchange Traded Fund Gold ist ein Indexfonds, der den Goldpreis nachbildet. Das ETF-Investment wird als Sondervermögen bezeichnet. Ein Gold-ETF ermöglicht es, in Gold zu investieren, ohne das Edelmetall in Form von Barren oder Münzen lagern zu müssen. Einer der Hauptvorteile von Gold-ETFs ist ihre Fähigkeit, ein Anlageportfolio zu *diversifizieren.* In Deutschland und Österreich ist es gesetzlich *nicht* möglich, in ETFs zu investieren, die ausschließlich eine Position – wie in diesem Fall Gold – abbilden, Anleger können lediglich auf breit gestreute *Rohstoffkörbe* setzen (vgl. Goldmarkt Editorial 2025). Gold wird im ETF mit anderen Rohstoffen wie Silber, Öl, Gas, Kupfer und landwirtschaftlichen Produkten kombiniert.

Ein ETF fällt unter die europäische UCITS-Richtlinie, was strenge Vorschrifen zu Risikostreuung, Transparenz und Anlegerschutz bedeutet. In Europa gibt es keine echten Gold-ETFs, weil sie die Anforderungen der UCITS-Richtline nicht erfüllen.

*Physische Gold-ETFs* sind darauf ausgelegt, den Goldpreis durch physisches Halten von Gold nachzubilden. Das heißt, für jeden ETF-Anteil wird eine entsprechende Menge Gold in einem Tresor gelagert. Dies sorgt für mehr Transparenz und Sicherheit, weil jede Investition direkt durch einen materiellen Vermögenswert abgesichert ist. Diese ETFs werden häufig von Anlegern bevorzugt, die direkt am Goldpreis partizipieren möchten, ohne sich mit der Lagerung und Versicherung von physischem Gold herumschlagen zu müssen (vgl. Goldmarkt Editorial 2025).

Der Herausgeber des Gold-ETFs (Emittent) kauft mit dem Fondsvermögen Goldbarren. Die Barren werden von einer Bank verwahrt (Custodian) und haben in der Regel ein Gewicht von annähernd 400 Feinunzen, sie wiegen folglich rund 12,4 kg. Die beim Verwahrer gelagerten Barren sind dem ETF zugeordnet, sind eindeutig identifizierbar und sind in Form einer exakten Liste von der Öffentlichkeit einsehbar. ETFs sind Sondervermögen, der Goldbestand ist also rechtlich geschützt, wenn der Herausgeber des Gold-ETFs zahlungsunfähig wird. Der weltweit größte Goldfonds ist der SPDR Gold Shares aus den USA (vgl. Mencin 2025).

Das für einen ETF verwahrte Gold darf vom Custodian nicht verliehen oder anderweitig gehandelt werden. Da es als Sondervermögen zählt, bleibt das Gold im Falle einer Insolvenz unangetastet. Anleger sind also gut geschützt.

Im Gegensatz zu physischen Gold-ETFs wird bei *synthetischen Gold-ETFs* kein Gold direkt gekauft. Stattdessen nutzt man derivative Finanzinstrumente wie Swaps, um die Entwicklung des Goldpreises nachzubilden. Bei diesen Swaps handelt es sich um Verträge mit Gegenparteien (normalerweise Banken), die sich verpflichten, dem ETF die Rendite auf Gold zu zahlen. Der Vorteil dieses Ansatzes besteht darin, dass er im Hinblick auf Kosten und Benchmark-Verfolgung effizienter sein kann. Allerdings besteht ein *Kontrahentenrisiko*, weil die Wertentwicklung des ETFs von der Fähigkeit der Gegenpartei abhängt, ihren Verpflichtungen nachzukommen. Es ist wichtig, sich dieses Risikos bewusst zu sein, bevor man in einen synthetischen Gold-ETF investiert (vgl. Goldmarkt Editorial 2025).

## 3.2 Physisches Gold

Haben Sie ein Gefühl, was es bedeutet, wenn das Bankensystem zusammenbricht, der Wert Ihres Euros weiter rapide sinkt oder ein großer wirtschaftlicher oder politischer Umbruch kommt, der alles bisher Dagewesene in Frage stellt? Die Vorstellung ist schrecklich, vor einer geschlossenen Bank oder Börse zu stehen, ohne zu wissen, wann man wieder an sein Geld kommt. Sie kennen bestimmt noch die Geschichten von den Großeltern über Währungsreformen, Wertverluste und Hyperinflation. Was haben die Menschen damals gemacht? Sie bezahlten mit Gold, Silber oder ausländischen Währungen, wenn das normale Geld nahezu wertlos wurde. Für solche Szenarien ist man gut aufgestellt, wenn man physisches Gold besitzt (vgl. Wagner 2024a).

Einer der Hauptvorteile des Besitzes von physischem Gold besteht darin, dass der Anleger den Vermögenswert direkt besitzt und somit das sogenannte Kontrahentenrisiko ausschließt. Das bedeutet, man kann selbst jederzeit über sein Gold verfügen und ist von keiner Fondsgesellschaft oder Bank abhängig.

In einem zunehmend digitalen Zeitalter ist eines der herausragenden Merkmale von physischem Gold seine Unabhängigkeit von modernen Technologien wie Elektrizität oder dem Internet. Im Gegensatz zu Kreditkarten ist die Existenz von physischem Gold nicht auf Technologie angewiesen. Es ist greifbar und bleibt bestehen.

Wer sein Vermögen durch den Kauf von Gold absichern möchte, kann physisches Gold in Form von Goldmünzen und Goldbarren oder als Schmuck kaufen. In Österreich ist es aktuell (noch) möglich, Gold bis 9999 € völlig anonym zu handeln. In Deutschland kann man Gold bis zu einem Wert von 1999 € anonym kaufen. Bei einem Kaufbetrag von 2000 € und mehr ist eine Identitätsprüfung erforderlich, wofür ein gültiger Personalausweis oder Reisepass vorgelegt werden muss. Auf Gold fällt seit 1993 in der EU beim Kauf keine Mehrwertsteuer mehr an. Bei anderen Edelmetallen wie Silber gilt das nicht. Gewinne aus dem Verkauf von physischem Gold sind steuerfrei, wenn es vorher mehr als ein Jahr gehalten wurde.

Der Goldpreis ändert sich mehrmals täglich. Er entsteht an internationalen Börsen und wird von Angebot, Nachfrage und der Stimmung an den Märkten beeinflusst. Außerdem handelt es sich beim angegebenen Goldpreis um den sogenannten Spotpreis (aktueller Marktpreis). Wer physisches Gold kaufen möchte, also Goldmünzen oder Goldbarren, muss mit Aufschlägen rechnen, etwa für die Prägung oder die Händlermarge. Der genaue Preis variiert je nach Anbieter. Anleger sollten sich vor dem Kauf oder Verkauf immer mit der derzeitigen Entwicklung vertraut machen (vgl. Gröh 2025a).

Physisches Gold muss sicher gelagert werden, beispielsweise im hauseigenen Safe, in Tresoren von Banken oder bei Drittanbietern, was mit zusätzlichen Kosten verbunden sein kann. Die jährlichen Kosten für Schließfächer liegen zwischen rund 63 und 365 € für ein kleines Schließfach (fünf bis zehn Kubikzentimeter) bei einer heimischen Bank oder einem Tresoranbieter inklusive einer Grundversicherung. Diese reicht aber in den meisten Fällen nicht aus, um den Wert des darin gelagerten Goldes vollständig zu versichern, weshalb unter Umständen zusätzliche Höherversicherungen notwendig sind (vgl. Mayer 2025).

Regierungen haben im Extremfall die Macht, Bankkonten ohne Vorwarnung einzufrieren und Gelder zu beschlagnahmen, wenn sie zusätzliche Einnahmen benötigen. Gold, aufbewahrt in einem professionellen Tresor oder in der Sicherheit des eigenen Zushauses, ist eine Möglichkeit, unabhängig und vor politischen Eingriffen geschützt zu sein.

Goldmünzen: Die *Anlagemünze*, auch Bullionmünze genannt, ist die klassische Art der Goldmünze. Sie wird in hoher Stückzahl aus Feingold geprägt. Der Wert der Münze hängt allein vom aktuellen Goldpreis ab, der Handel erfolgt nach dem Metallgewicht, wobei die Unze Gold bei 31,1 g liegt. Auffällige oder seltene Prägungen gibt es in der Regel nicht. Anders bei der *Sammlermünze*. Sie ist bei Sammlern beliebt und besonders geprägt oder mit seltenem Motiv versehen. Sammlermünzen gibt es lediglich in einer begrenzten Menge. Das beeinflusst den Wert zusätzlich zum schwankenden Goldpreis. Neben dem Goldgehalt ist der Wert der Gold-Sammlermünze von folgenden Faktoren abhängig: Höhe der Auflage, Seltenheit, Prägequalität, Erhaltungsgrad (bei besonders alten Münzen) und gegebenenfalls die historische oder kulturelle Asooziation (vgl. Gröh 2025a). Besonders beliebte Semmlermünzen sind American Eagle (USA), Britannia (GBR), Maple Leaf (CA), Krügerrand (ZA) und der Wiener Philharmoniker (A). Die Münzen haben einen aufgeprägten Nennwert, welcher in der Regel nichts mit dem Materialwert zu tun hat. Falls der aufgeprägte Nennwert auch dem Materialwert entspricht, werden solche Goldmünzen auch Kurantmünzen genannt. Deshalb spricht man dann auch von Goldwährung oder Hartwährung. Goldmünzen lassen sich bei etlichen Anlaufstellen kaufen. Entscheidend ist, bei einem seriösen Anbieter zu kaufen und sich im Vorfeld gut zu informieren. Die günstigsten Münzen sind kein Garant für den niedrigsten Preis. Schließlich kommen bei allen Händlern die Versandkosten obendrauf und die variieren erheblich.

Goldbarren: Wer in physisches Gold investieren möchte, kann neben Goldmünzen auch Goldbarren kaufen. Bei Goldbarren kann man aus zwei verschiedenen Arten auswählen: Gussbarren oder Prägebarren. Bei Gussbarren wird flüssiges Gold in eine spezielle Form gegossen. Die dadurch entstehenden Erstarrungslinien geben dem Goldbarren eine unebene Form und seinen typischen Charakter.

Prägebarren hingehend sind glänzend und glatt. Durch die Prägung lassen sich wichtige Informationen über den Goldbarren entnehmen wie Seriennummer, Gewicht und Hersteller. Um verschiedene Kostenklassen abzudecken, gibt es Goldbarren in nachfolgenden Gewichten: ein Gramm, fünf Gramm, zehn Gramm, 20 g, eine Feinunze (zirka 31,1 g), 50 g, 100 g, 250 g und ein Kilogramm. Vor allem 100-Gramm-Goldbarren sind beliebt, der Preis liegt im November 2025 bei über 11.200 €. Goldbarren lassen sich online oder in einem Ladengeschäft kaufen. Die besten Ansprechpartner sind in der Regel Banken oder etablierte Edelmetallhändler. Bei diesen Anlaufstellen müssen Sie sich in der Regel keine Sorgen um die Echtheit machen. Ein Garatnt für die Echtheit ist zudem die sogenannte LBMA-Zertifizierung. LBMA steht für „London Bullon Market Association". Die Zertifizierung belegt, dass ein Goldbarren nach strengen intenrationalen Richtlinien angefertigt wurde. Es ist ratsam, den Goldbarren bei einem seriösen Anbieter zu erwerben, die Preise zu vergleichen und obendrein auf die Versandkosten der jeweiligen Anbieter zu achten (vgl. Gröh 2025b).

Kauft man in kleineren Einheiten, kauft man teurer. Eine Feinunze Gold liegt derzeit bei 4207 US-Dollar (3612 €; Stand 04.12.2025). Das ist allerdings der Marktpreis. Wenn man Gold in einer Bank oder bei einem Goldhändler kauft, wollen diese an dem Handel mitverdienen. Daher gibt es zwei Preise: den Ankaufs- und den Verkaufspreis und zusätzlich gegebenenfalls Versandkosten. Bei einer Unze liegt der Verkaufspreis meist etwa sechs Prozent über dem Ankaufspreis. Wenn Sie dagegen ein Zehntel einer Unze kaufen wollen, liegen zwischen An- und Verkaufspreis schon rund 20 %. Der Goldpreis muss also erst um diese Spanne – die Handelsmarge des Anbieters – steigen, damit der Käufer aus der Verlustzone kommt (vgl. Verbraucherzentrale 2024).

Goldschmuck: Einige Anleger entscheiden sich für den Kauf von Gold in Form von Schmuck, der ästhetischen Reiz mit Investitionswert verbindet. Goldschmuck kann getragen werden und behält gleichzeitig seinen inneren Wert, und auf einigen Märkten besteht eine starke Nachfrage für den Wiederverkauf. Allerdings werden Schmuckstücke aufgrund ihrer handwerklichen Qualität und ihres Designs oft mit hohen Aufschlägen verkauft, was sie zu einer weniger effizienten Anlagemöglichkeit macht. Darüber hinaus kann es schwierig sein, den tatsächlichen Goldgehalt und den Wiederverkaufswert zu bestimmen, was die Unsicherheit der Investition erhöht (vgl. Mayer 2025).

### 3.2.1 Vorsicht beim Goldkauf

Wenn man einfach nach „Gold kaufen“ googelt, läuft man Gefahr, an die falschen Anbieter zu gelangen; besonders bei privaten Verkäufern, Online-Plattformen oder vermeintlichen Schnäppchen wird oft minderwertige oder sogar gefälschte Ware angeboten. Das Problem ist, dass Fälschungen heute so gut gemacht sind, dass man sie ohne Fachwissen kaum erkennt. Gerade in Zeiten, in denen viele Menschen nach stabilen Werten suchen, nutzen Kriminelle die Goldnachfrage gezielt aus. Sie bieten angeblich geprüfte Barren oder Münzen weit unter dem Marktpreis an und viele fallen darauf herein.

Gold gilt als eine der sichersten Anlageformen. Es ist physisch begrenzt und kann nie völlig wertlos werden. Doch damit Gold seinen Wert behält, braucht es Vertrauen in seine Echtheit und genau dieses Vertrauen wird leider häufig ausgenutzt, durch Fälschungen, die immer raffinierter werden. Besonders betroffen sind klassische Handeslgrößen wie ein Unzenbarren oder bekannte Münzen wie der Krügerrand oder der Wiener Philharmoniker – genau die Produkte also, zu denen viele Menschen instinktiv greifen. Wie erkennt man also als Laie, ob das Gold echt ist? Wenn man bei einem seriösen Händler kauft, muss man sich keine Sorgen machen. Jede einzelne Ware wird hier mit moderner Technologie geprüft, bevor sie in den Verkauf geht. *LBMA-Zertifizierung* und *LPPM-Standards* sind Garanten für geprüfte Qualität und absolute Echtheit. Das Risiko beginnt dort, wo Menschen auf eigene Faust kaufen, etwa bei privaten Verkäufern, auf Online-Plattformen oder auf dem Flohmarkt. Dort tauchen immer wieder gefälschte Barren auf, häufig mit einem Kern aus Wolfram. Wolfram hat nahezu die gleiche Dichte wie Gold. Gewicht und Maße stimmen oft genau überein, aber der innere Wert fehlt. Die Oberfläche wird dann dünn vergoldet. Ohne Überprüfung ist der Unterschied kaum erkennbar. Auch Münzen werden immer professioneller gefälscht, mit scheinbar echten Prägungen, gefälschten Zertifikaten und exaktem Gewicht.

Die erste goldene Regel zur Vermeidung des Kaufes von Fälschungen lautet daher: Niemand verkauft echtes Gold weit unter Marktwert, allein das kann ein Ausschlusskriterium sein, bevor man kauft. Es empfiehlt sich, das Gold vor dem Kauf professionell prüfen zu lassen. Dafür gibt es verschiedene Methoden. Der *Dichtetest* ist zuhause einfach durchführbar mit Küchenwaage und Wasserbehälter. Man berechnet die Dichte, also Masse geteilt durch Volumen und vergleiche das Ergebnis mit 19,32 g je Kubikzentimeter, also der Dichte von reinem Gold. Münzen und Barren mit Legierungen, wie der Krügerrand, können jedoch leicht abweichen. Für den *Ultraschalltest* benötigt man professionelle Geräte.

Diese messen die innere Struktur und erkennen beispielsweise Wolframkerne in Fälschungen. Dieser Test ist sehr genau und zerstörungsfrei. Der *Röntgenfluoreszenztest* ist, wie der Ultraschalltest nur bei Händlern und Prüflaboren möglich. Die Methode analysiert berührungslos die chemische Zusammensetzung und ist extrem präzise. Die meisten größeren oder spezialisierten Händler verfügen über ein XRF-Gerät (Röntgenfluoreszenzgerät) und bieten die Prüfung entweder kostenlos im Rahmen eines Ankaufes oder gegen eine geringe Gebühr an. Auch einige Goldschmiede, Scheideanstalten oder Prüflabore führen solche Analysen durch (vgl. Wagner 2025b).

### 3.2.2 Gold als Zahlungsmittel

Man kann physische Goldmünzen oder Goldbarren prinzipiell für den Kauf von Waren oder Dienstleistungen verwenden, wenn der Verkäufer bereit ist, diese als Zahlungsmittel zu akzeptieren. Das läuft formal wie ein normaler Einkauf ab, nur eben mit Gold. Möglich ist das weltweit, doch es bleibt immer eine individuelle Verhandlungssache zwischen dem Verkäufer und dem Käufer. Mit Gold ist man neben der Landeswährung immer am besten beraten, denn Gold genießt Vertrauen und die Praxis zeigt, dass man fast überall damit weiterkommt, obwohl es nirgendwo gesetzlich festgehalten ist. Das gilt besonders in Krisenzeiten, wenn traditionelle Währungen versagen. Beim weltweiten Handel mit Gold ist man gut beraten, wenn man Gold in der richtigen Stückelung bei sich hat. Es ist genau für diese Zwecke wichtig, Gold nicht nur in großen Stückelungen zu halten. Kleinere Stückelungen können im Ernstfall wie Bargeld fungieren, denn sie sind leichter zu handhaben und zu transportieren (vgl. Wagner 2024a).

In Deutschland und Österreich ist Gold kein gesetzliches Zahlungsmittel. Unbeschränkt gesetzliche Zahlungsmittel sind hier ausschließlich die Euro-Banknoten. Spannend ist, dass das Buchgeld, also das Geld auf dem Konto, kein gesetzliches Zahlungsmittel ist. Es gibt Länder, in denen Gold tatsächlich als gesetzliches Zahlungsmittel gilt. Das bedeutet jedoch nicht, dass man überall in diesem Land mit Gold bezahlen kann.

Gold als Zahlungsmittel funktioniert besonders gut in Ländern, in denen Gold kulturell und wirtschaftlich eine wichtige Rolle spielt und wo es traditionell eine hohe Akzeptanz für solche Transaktionen gibt. In Indien beispielsweise hat Gold eine tiefe kulturelle Bedeutung und wird oft in Form von Schmuck, Münzen und Barren gehandelt. Es ist weit verbreitet, Gold direkt zu kaufen oder zu verkaufen. In ländlichen und kleinstädtischen Gebieten kann Gold in Tauschgeschäften verwendet werden, insbesondere bei größeren Anschaffungen oder in Krisenzeiten. In

Dubai gibt es spezialisierte Märkte, zum Beispiel den Goldzug, wo Gold als Zahlungsmittel sehr akzeptiert ist. Hier und in anderen Teilen der Vereinigten Arabischen Emirate ist Gold hoch angesehen und es kann in gewissen geschäftlichen Kreisen sogar als direktes Tauschmittel verwendet werden. Auch die Türkei hat eine lange Tradition im Goldhandel und es ist üblich, Gold als Aufbewahrungsmittel sowie in einigen Fällen auch als Zahlungsmittel zu verwenden. Auch die Schweiz hat einen sehr bedeutenden Goldmarkt. Goldtransaktionen sind hier unkompliziert. In bestimmten Kreisen, insbesondere bei wohlhabenden Privatpersonen, kann Gold in Form von Münzen oder Barren direkt getauscht werden. Und auch in China ist Gold ein beliebtes Investitions- und Wertaufbewahrungsmittel. Der direkte Handel mit Goldmünzen und -barren ist gängig. Gerade in ländlichen Gebieten oder auf informellen Märkten kann Gold als Tauschmittel verwendet werden, besonders in wirtschaftlich instabilen Zeiten (vgl. Wagner 2024a).

In Venezuela bezahlen die Menschen vor Ort Hand zu Hand in den Supermärkten mit Gold anstatt mit den venezolanischen Bolivars, denn die Bolivars sind durch eine Hyperinflation wertlos geworden. In bestimmten Regionen Venezuelas, besonders in der Bergbaustadt El Dorado, läuft alles über den Handel mit Gold in Gramm. Die Preise sind in Gramm Gold angegeben. Die Einheimischen tragen kleine Goldpfeile in ihren Taschen um damit Dinge wie Zucker, Benzin, Bier und Kleidung zu kaufen. Die Geschäfte sind mit kleinen Waagen ausgestattet, um das Gold bzw. den Goldstaub genau abzuwiegen. Ein Gramm Gold entspricht rund 68 US-Dollar (vgl. Kettner 2025).

In den USA haben einige Bundesstaaten Gesetzesänderungen vorgenommen, die es erlauben, dass Gold- und auch Silbermünzen als Zahlungsmittel eingesetzt werden können – allerdings immer unter der Prämisse, dass niemand verpflichtet ist, Edelmetalle als Zahlungsmittel statt Geld anzunehmen. Dies gilt im US-Bundesstaat Wyoming seit März 2018 durch „House Bill 103“ für Gold- und Silbermünzen, die von der US-Regierung oder einer Regierung im Ausland begeben wurden. Bereits im März 2011 wurden im US-Bundesstaat Utah Gold und Silber als Zahlungsmittel durch den „Legal Tender Act of 2011“ akzeptiert, und zwar in Form von Gold- und Silbermünzen, die von der US-Prägeanstalt US-Mint begeben werden (vgl. Kettner Edelmetalle 2025b).

Viele weitere Bundesstaaten in den USA bereiten sich gerade darauf vor, dass Gold wieder als gesetzliches Zahlungsmittel anerkannt wird. In Texas erklärt ein neues Gesetz Gold und Silber bereits zur offiziellen Währung. Bürger sollen künftig über digitale Goldguthaben per Debitkarte bezahlen können. Was nach einer revolutionären Idee klingt, ist in Wahrheit ein Symptom des schwindenden Vertrauens in den US-Dollar. Die Inflationswelle ab 2022 und die dramatische Dollar-Abwertung 2025 haben tiefe Spuren hinterlassen. Auch Florida und Missouri ziehen nach. Unterstützt werden diese Initiativen von konservativen Politikern und Denkfabriken, die im Edelmetall einen Schutz vor der galoppierenden Geldentwertung sehen – ein nachvollziehbarer Reflex angesichts der Tatsache, dass Zentralbanken weltweit (allen voran China) ihre Goldreserven massiv aufstocken (vgl. Kettner Edelmetalle 2025a).

Man sollte gut informiert sein und wissen, wie man verhandelt. In Ländern oder Regionen, in denen die Bevölkerung an Krisensituationen gewöhnt ist, wird Gold oft einfacher als Zahlungsmittel akzeptiert. Menschen, die sich mit alternativen Währungen auskennen oder diese in der Vergangenheit verwendet haben, wissen um den Wert von Gold und sind bereit, es im Austausch für Waren oder Dienstleistungen zu akzeptieren. Es kann hilfreich sein, vorab Kontakte zu knüpfen oder Netzwerke zu finden, in denen der Tausch mit Gold nichts Neues ist. Es ist außerdem wichtig, den genauen Wert des Goldes im Besitz zu kennen und dass man einschätzen kann, was man im Gegenzug dafür ungefähr erhalten sollte. Es ist wichtig, Gold als Notfallwährung in kleinerer Stückelung zu halten, so ist es viel leichter zu handhaben, zu transportieren und einzutauschen. Damit ist zum Beispiel eine zehntel Unze gemeint oder die neue eine fünfundzwanzigstel Unze. Das sind 1,24 g des Wiener Philharmonikers. Je höher der Goldpreis steigt, umso interessanter und wichtiger werden die kleineren Stückelungen wie 0,5 g oder ein Gramm (vgl. Wagner 2024a).

### 3.2.3 Gold über Ländergrenzen transportieren

In manchen Ländern gilt Gold als „strategisch wichtige Ware". Das bedeutet, dass diese Ware für die Wirtschaft wichtig und auch für die Sicherheit sowie Verteidigung des Landes von enormer Bedeutung ist. Strategisch wichtige Waren müssen vor der Einfuhr deklariert werden, um die nationale Sicherheit zu gewährleisten, den Handel zu kontrollieren und um sicherzustellen, dass diese Güter nicht in unerlaubter Weise verwendet werden. Es ist wichtig, diese Deklaration vorzunehmen, damit einem nicht ein Strafverfahren wegen Schmuggels strategisch wichtiger Waren droht.

Ob man Gold bedenkenlos in ein anderes Land mitnehmen kann, richtet sich nach der Menge des Goldes und nach dem Land, in welches das Gold transportiert werden soll. In Ländern wie Russland, China oder den USA gibt es eher strikte Regelungen, weil hier Gold als strategisch besonders wichtig angesehen wird.

Möchte man Gold nach Russland mitnehmen, muss man es deklarieren, unabhängig von der Menge. Das bedeutet, dass man bei der Einreise eine schriftliche Zollanmeldung abgibt, in der Gold aufgeführt werden muss, egal ob man es in

Form von Schmuck, Münzen oder Barren mitnimmt. Es ist außerdem ratsam, relevante Dokumente beizufügen, die den Besitz und den Wert des Goldes nachweisen (Urkunden, Zertifikate oder Rechnungen). In Russland steht auf die Einfuhr von strategisch wichtiger Ware ohne ordnungsgemäße Deklaration bis zu fünf Jahre Haft und eine Geldstrafe von bis zu einer Million Rubel (zirka zehntausend Euro).

Bei der Einreise nach China gibt es ebenfalls Importkontrollen. Gold muss in China immer deklariert werden, unabhängig von der Menge und egal, ob es sich um Barren, Münzen oder Schmuck handelt. Ab 50 g gilt es als gewerbliche Menge und erfordert spezielle Genehmigungen und Lizenzen duch die People's Bank of China. Bei der Einreise nach Indien gilt es auch, spezielle Vorschriften zu beachten.

In den USA ist die Deklaration von Gold erst ab einem Wert von 10.000 US-Dollar erforderlich. Auch in der Europäischen Union kann man grundsätzlich Gold ohne strenge Beschränkungen mitführen, solange der Wert unter 10.000 € liegt. Erst über diesem Betrag muss man Gold bei der Ein- und Ausreise deklarieren. Ähnlich ist es in der Schweiz, hier muss man erst ab einem Wert von über 10.000 Schweizer Franken deklarieren.

Bevor man mit seinem Gold um die Welt reist, sollte man unbedingt prüfen, welche Grenzen man überquert und welche Vorschriften man dabei beachten muss. Es gibt Alternativen zum persönlichen Goldtransport. Spezialisierte Edelmetalltransportdienste, zum Beispiel Unternehmen wie Brings oder Lumes bieten sichere Transporte für Edelmetalle weltweit an und kümmern sich um die Zoll- und Sicherheitsvorschriften (vgl. Wagner 2024b).

## 3.3 Ist es sinnvoll, in Gold anzulegen?

Gold ist weniger ein spekulatives Investment, sondern sollte als Versicherung für das Vermögen gesehen werden. Es dient zur Diversifikation des Portfolios; zwar ist Gold nicht verzinst oder dividendenstark, behält jedoch auch in Krisenzeiten seinen Wert, weshalb es auch als sicherer Hafen bezeichnet wird. Gold gilt als Schutz vor extremen Risiken, sein Preis ist jedoch auch schwankungsanfällig, weshalb es als Teilportfolio und nicht als Hauptinvestment gesehen wird, um Rendite und Absicherung zu balancieren.

Gold besitzt einen inneren Wert, den es nie verlieren wird. Eine Aktie kann bei einer Insolvenz des emittierenden Unternehmens vollkommen wertlos werden, eine Schuldverschreibung ist immer auch mit dem Emittentenrisiko behaftet und kann im Extremfall auch zum Totalverlust führen. Aber Gold wird immer einen hohen Materialwert und Wertstabilität haben, unabhängig von Börsenkursen oder wirtschaftlichem Umfeld.

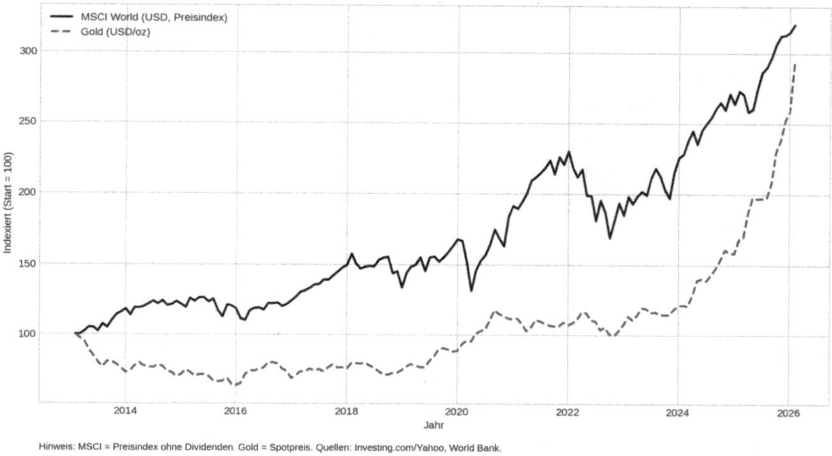


**Abb. 3.1** Entwicklung des Goldpreises versus MRSI World 2013 bis 2026. (Quelle: eigene Darstellung in Anlehnung an MSCI World (Price Index, USD): historische Kursdaten über Investing.com/Yahoo Finance (CSV Exports, Goldpreis: World Bank Commodity Price Data (monatlich) & Yahoo Finance Gold Spot (täglich), zusammengeführt in latest.csv., eigene Datenaufbereitung: Monatsultimo, Normierung (Start = 100), Auswertung per Python))

Auf der anderen Seite ist Gold an sich nicht produktiv: Es erarbeitet keine Gewinne wie die Unternehmen, in die Aktionäre investieren. Und es zahlt keine Zinsen wie die Banken und Staaten, denen die Käufer von Anleihen oder Besitzer von Festgeldkonten und Sparbriefen ihr Geld leihen. Gewinne erzielen Sie nur, wenn der Goldkurs steigt und Sie dann teurer verkaufen als Sie es vorher erworben haben (vgl. Verbraucherzentrale 2024).

In Krisenzeiten steigt der Goldpreis meist an, da sich die Nachfrage nach dem sicheren Hafen erhöht. Das bedeutet jedoch nicht, dass Gold auch dauerhaft höhere Renditen als Aktien liefert. Gold bringt weder Zinsen noch Dividenden. Die Rendite bemisst sich also allein aus der Preisentwicklung. Gold kann gegenüber Aktien mittelfristig besser abschneiden, muss es aber nicht. Langfristig hat ein reines Goldinvestment weniger Rendite und mehr Schwankungen beschert als ein Investment in den Weltaktienindex MSCI World (vgl. Graf 2025) (Abb. 3.1).

Prinzipiell handelt es sich bei Gold um eine sinnvolle Anlage. Das Edelmetall wirft zwar keine laufenden Erträge ab und ist selbst auch nicht von Schwankungen befreit. Das Wertpapierdepot wird aber durch die Beimischung von Gold in der Höhe von fünf bis zehn Prozent des Depotanteils stabiler, weil seine Preisentwicklung häufig umgekehrt zu der von zahlreichen Aktien und Anleihen verläuft.

Anleger und Anlegerinnen können Gold physisch in Form von Barren oder Münzen kaufen. Im Extremkrisenfall, wenn die Banken „closed" sind und das Internet ausfällt, hat man etwas in der Hand, das man verwerten kann. Der Nachteil: Wer physisches Gold hortet, braucht idealerweise einen hochwertigen Tresor inklusive Versicherung oder zumindest ein Schließfach bei der Bank. Alternativ können Anleger und Anlegerinnen auf Wertpapiere setzen, die die Entwicklung des Goldpreises nachbilden. Vorteilhaft ist, dass diese einfacher, schneller und günstiger handelbar sind als Barren oder Münzen. Gold-ETFs wären eine Ideallösung, doch sie sind in Deutschland und Österreich verboten. EU-Richtlinien verlangen nämlich, dass Fonds diversifiziert sein müssen und nicht nur in einen einzelnen Rohstoff wie Gold investieren dürfen. In Österreich und Deutschland gibt es dafür den Gold-ETC (Exchange Traded Commodities), auf Deutsch also „börsengehandelte Rohstoffe". Gold-ETCs haben im Hintergrund reales Goldvermögen und das Anlegergeld fließt in den Kauf von Barren, die registriert und in den Tresoren verwahrt werden. Gold-ETCs sind praktisch, weil der Anleger genau festlegen kann, wie hoch der Goldanteil im gesamten Wertpapierdepot ist. Einige Gold-ETC-Anbieter werben mit der Möglichkeit, sich das hinterlegte Gold tatsächlich liefern lassen zu können. Allerdings ist nicht jeder ETC in gleichem Maße auf die Auslieferung ausgelegt und bei einigen können hohe Kosten anfallen, die unbedingt zu berücksichtigen sind. Es ist im Prinzip besser, eine Auslieferung nicht zu erwägen (vgl. Stiftung Warentest 2025).

Das Gold-Investment ist nicht immer gewinnbringend. Einen Gewinn nimmt man lediglich mit, wenn man Gold zu einem günstigen Preis kauft und zu einem hohen Preis wieder verkauft. In der Vergangenheit waren starke Goldkursschwankungen keine Ausnahmen, sondern die Regel: Zwischen 1987 und 1999 halbierte sich der Goldkurs. Zwischen 1980 und 2006 war mit Gold kaum Geld zu verdienen, der Preis pendelte zwischen 500 und 250 €. Auch jüngst schwankte der Goldpreis, etwa rund um die Finanzkrise und die Corona-Pandemie, heftig in beide Richtungen (vgl. Verbraucherzentrale 2024).

Studien zeigen, dass der Goldpreis in den ersten Wochen großer Konflikte fast immer zulegt. Langfristig hängt die Entwicklung ebenso vom Zinsumfeld und von der Inflation ab – nicht nur vom Kriegsgeschehen selbst. Märkte reagieren nicht nur auf Fakten, sondern auch auf Ängste. Schon die Aussicht auf eine Eskalation reicht oft, um Kapital in Gold umzulenken. Die Ankündigung von Zöllen reicht aus, um Preisschwankungen bei Gold auszulösen. Die Märkte reagieren nicht nur auf Fakten, sondern auf Erwartungen und Gold ist oft die erste Anlaufstelle, wenn Unsicherheit im Raum steht (vgl. philoro 2025b).

Ob Gold momentan zu teuer zum Kaufen ist, hängt von der Perspektive ab. Während der Preis aufgrund verschiedener Faktoren gestiegen ist, sehen einige

Analysten weiteres Aufwärtspotenzial, während andere eine kurzfristige Konsolidierung erwarten. Der Kursanstieg von Gold war immer von heftigen Kurseinbrüchen begleitet. Auch wenn der Goldpreis aktuell Höchstpreise notiert, so ist Gold dennoch alles andere als eine sichere Geldanlage. Die Beimischung von Gold zu einem Anlagemix kann jedoch das Gesamtrisiko der Geldanlage senken. In Krisenzeiten kann Gold zur Risikostreuung und damit zur Stabilisierung der Wertentwicklung beitragen (vgl. Verbraucherzentrale 2024).

Als *Inflationsschutz*, wie Gold auch oft bezeichnet wird, sollte man das Edelmetall nicht sehen. Dieser Einschätzung liegt ein Missverständnis zugrunde, denn einen Schutz vor Inflation kann nur eine Anlageklasse bieten, die sich gegenläufig verhält, also bei steigenden Inflationsraten Kursanstiege verzeichnet und bei niedrigerer Inflation wieder an Wert einbüßt. Dadurch würde das Investmentdepot als Gesamtes über den Zeitablauf hinweg ausgeglichen bleiben. Untersuchungen kommen zu dem Schluss, dass das Versprechen des Inflationsschutzes von Gold nicht gehalten werden kann. In der Langzeitbetrachtung im Euroraum sehen wir bei Inflationsraten heftige zyklische Schwankungen, während sich der Goldpreis relativ stabil in einem Korridor bewegt. Wenn man dann noch bedenkt, dass sich Inflation durch Preiserhöhungen zeigt, wird klar, dass Gold als Ware auch in diesen Zeiten mit hohen Inflationsraten einen höheren Preis hat. Ein Teil der Kurssteigerungen wird sicherlich auch auf erhöhte Nachfrage zurückzuführen sein. So gesehen bringt Gold keinen Ausgleich für Inflation, sondern Wertstabilität über alle Wirtschaftsphasen hinweg (vgl. Kettner Edelmetalle 2025b) (Abb. 3.2).

Es lohnt sich momentan auch ein Blick ins eigene Depot. Wer durch den Kursanstieg von Gold deutlich über seinem Zielkorridor liegt, also dem, was er sich ursprünglich vorgestellt hatte, in Gold zu investieren, der sollte auch über ein sogenanntes *Rebalancing* nachdenken, also die Rückführung auf die gewünschte Gewichtung. Gold bleibt ein zentraler Stabilitätsanker, doch für Investoren, die signifikante Anteile von Gold im Portfolio haben, ist vielleicht jetzt der richtige Zeitpunkt, um über eine Veräußerung mit Gewinnmitnahme nachzudenken, vor allem wenn Liquiditätsbedarf vorhanden ist (vgl. Köhne und Summa 2025).

Zu beachten ist, dass Gold in sich ein *Währungsrisiko* birgt, weil Gold in US-Dollar gehandelt wird. Vereinfacht gesagt bedeutet dies, dass Sie beim Verkauf Ihres Goldes zunächst US-Dollar erhalten und diese dann in Euro umtauschen müssen. Daher wirken sich Währungsschwankungen auf den Gegenwert in Euro aus. Das bedeutet: Wird der Dollar abgewertet, ergeben sich beim Wiederverkauf von Gold Nachteile für den Anleger, weil er weniger Euro für den Dollar bekommt. In diesem Fall können unter Umständen Verluste auftreten, obwohl der Goldkurs in Dollar gestiegen ist. Die positive Seite der Medaille: Falls der Dollar aufgewertet wird, profitieren Sie davon (vgl. Verbraucherzentrale 2024).

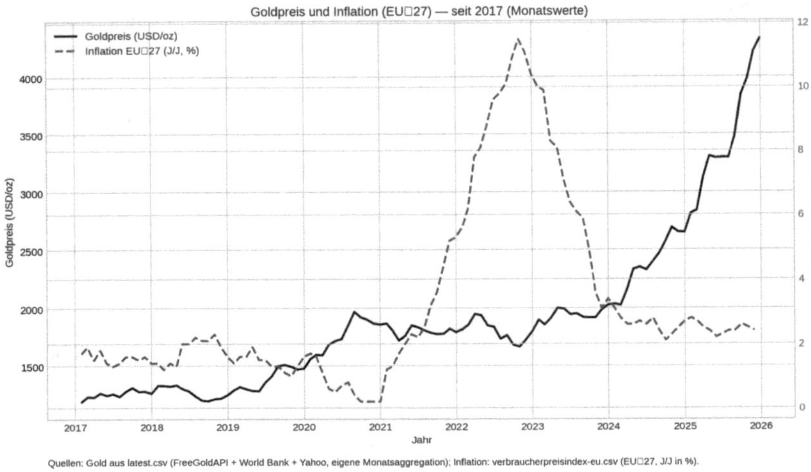


**Abb. 3.2** Goldpreis versus Inflation im Euroraum. (Quelle: eigene Darstellung in Anlehnung an latest.csv (FreeGoldAPI, World Bank, Yahoo Finance, eigene Monatsaggregation); Inflation EU 27 aus verbraucherpreisindex-eu.csv (Eurostat basierte HICP Jahresraten))

Im Goldmarkt gibt es Anzeichen eines *Herdentriebs* – im dem Sinne, dass Goldanlagen immer mehr den Status einer vermeintlich sicheren Wette erhalten. So sind die Netto-Long-Positionen der Anleger bei Gold-Futures nahe dem historischen Höchststand. Das bedeutet: Spekulanten setzen auf weiter steigende Preise (vgl. Sax 2025). Die Anleger setzen auf Gold, eben weil der Preis gestiegen ist. Für denjenigen, der heute in Gold investiert, sollte jedoch nicht entscheidend sein, dass Gold in der Vergangenheit an Wert gewonnen hat, sondern wie sich die Wertentwicklung in der Zukunft entwickeln wird.

Die Gefahr, die viele ausblenden, liegt darin, dass sich ein solcher Herdentrieb abrupt umkehren kann – zum Beispiel, wenn wieder etwas mehr Sicherheit herrscht. Bezüglich einer möglichen Staatsschuldenkrise gab es seit der Finanzkrise 2008 immer wieder Warnungen – ohne dass dieses Szenario bei guten Schuldnern je eintraf. Und das Vertrauen in die USA kann auch sehr schnell wieder zunehmen – nämlich dann, wenn die Wirtschaft auf Kurs bleibt und die Steuereinnahmen zunehmen. Wie groß Rückschläge bei Gold ausfallen können, zeigte sich das letzte Mal zwischen 2011 und 2015, als sich der Goldpreis um rund 40 % korrigierte.

Große Privatinvestoren können sehr opportunistisch handeln. Viele von ihnen könnten zügig Gewinne realisieren und ihre Goldbestände etwas verringern, wenn sich die Stimmung an den Märkten verändert. Offen ist auch, in welchem Tempo Notenbanken weiterhin Gold zukaufen werden. Sie haben ihre Goldbestände zuletzt deutlich aufgestockt, allerdings sind viele von ihnen sehr wohl preissensitiv. Sie werden nicht zu jedem Preis weiter zukaufen. Es ist somit gut möglich, dass Notenbanken in der nächsten Zeit weniger Gold kaufen. Auch dies könnte bei Privatinvestoren zu Gewinnmitnahmen führen. US-Staatsanleihen, die rund vier Prozent Rendite abwerfen, waren zuletzt wieder gefragter. Zudem kommen Anleger, die in den boomenden US-Aktienmarkt investieren wollen, um den Dollar nicht herum. Deshalb sollten sich Anleger und Anlegerinnen im gegenwärtigen Umfeld gut überlegen, ob sie noch auf den Gold-Zug aufspringen wollen (vgl. Sax 2025).

# Resümee und Ausblick

# 4

Gold hat sich als Symbol für Wohlstand und Stabilität bewährt. Seine Rolle entwickelte sich von der Währung über ein Wertaufbewahrungsmittel schließlich zur Möglichkeit der Vermögensanlage. Das Jahr 2025 wird in die Geschichte eingehen als eines der erfolgreichsten Jahre für Goldanleger überhaupt. Gold übertrifft aktuell nicht nur die meisten Aktienidizes im Wachstum, sondern etwablierte sich als beste Anlageklasse des Jahres.

Der Rekordlauf von Gold ist kein Strohfeuer, sondern Ausdruck eines tiefgreifenden Vertrauenswandels. Die Kombination aus geopolitischen Spannungen, wachsender Verschuldung, expansiver Geldpolitik und das stagnierende Goldangebot stimulieren gegenwärtig den Goldpreis. Gold ist sicherlich auch ein Krisenschutz, doch es geht weit darüber hinaus. Gold wird auch von den Anlegern und den Zentralbanken als monetäre Ersatzleitwährung gesehen, unabhängig von politischen Entscheidungen (vgl. Köhne und Summa 2025).

Militärische Konflikte sorgen fast immer für steigende Goldnachfrage. In unsicheren Zeiten verlassen Anleger risikobehaftete Märkte (Aktien, Währungen, Anleihen) und suchen Stabilität. Gold gilt seit Jahrtausenden als wertbeständig, grenzenlos handelbar und frei von politischem Einfluss. Besonders in Kriegsregionen dient es oft als letzte Absicherung gegen Währungsabwertungen oder Kapitalverkehrskontrollen. Kriege führen oft zu geopolitischen Blockbildungen. Staaten, die vom US-Dollar unabhängig werden wollen, bauen über die Zentralbank-Käufe ihre Goldreserven aus. Gold ist nicht nur eine Reserve, sondern auch ein geopolitisches Machtinstrument, weil es nicht von Sanktionen betroffen ist. So entsteht ein komplexes Wechselspiel: Geopolitische Risiken beeinflussen Währungen, Rohstoffströme und Anlegerstimmung gleichzeitig – und Gold steht im Zentrum dieser Dynamik. Handelskriege sorgen nicht nur für Volatilität, sie verknüpfen


E. Strauß, *Vermögensanlage in Gold*, essentials,
https://doi.org/10.1007/978-3-658-51779-3_4

Industriepolitik, Währungsentwicklungen und Anlegerpsychologie. Gold profitiert meist sofort. Gold ist in Kriegszeiten fast immer der Gewinner – kurzfristig durch Anlegerflucht, langfristig durch Zentralbankkäufe (vgl. philoro 2025b).

Die Goldpreis-Prognose für die kommenden Jahre zeigt ein bullisches Bild: Analysten erwarten, dass der Goldpreis bis Ende 2026 über 6000 US-Dollar erreichen könnte.

Die Kauflaune der Zentralbanken gilt als entscheidender Faktor für die steigende Nachfrage nach Gold. Sie dürften laut Berechnungen 2025 rund 80 t Gold pro Monat erwerben, 2026 immerhin noch 70 t pro Monat. Vor allem Schwellenländer wie China, Indien und Brasilien diversifizieren ihre Reserven weg vom US-Dollar. Schon kleine Kapitalströme können den Markt stark bewegen. Die Angebotsseite ist schlicht begrenzt. Erstmals seit fast drei Jahrzehnten halten die weltweiten Zentralbanken mehr Gold als US-Staatsanleihen. Das zeigt den schwindenden Glauben an die Stabilität der westlichen Schuldenpolitik (vgl. axinocapital 2025).

Die Federal Reserve-Politik und die damit verbundene Dollar-Entwicklung spielen eine zentrale Rolle für den Goldpreis. Das Senken der Zinsen reduziert die Opportunitätskosten für zinsloses Gold und schwächen tendenziell den US-Dollar. Die Deutsche Bank erwartet insgesamt 200 Basispunkte an Zinssenkungen bis Ende 2026, was Gold strukturell unterstützen würde. Der US-Dollar schwächte sich bereits im zweiten Quartal 2025 um 6,7 % ab, was direkt zum Goldpreisanstieg beitrug. Da Gold in Dollar notiert wird, macht eine schwächere US-Währung das Edelmetall für Käufer in anderen Währungen günstiger und erhöht die Nachfrage. Die Erwartung weiterer Zinssenkungen bleibt ein Hauptargument der bullischen Analysten für ihre optimistischen Prognosen (vgl. Arad 2025).

Es wird davon ausgegangen, dass die politischen Risiken im kommenden Jahr im On-Off-Modus immer wieder zum Tragen kommen werden. Besonders der Großmachtwettbewerb zwischen den Machtblöcken China und USA werde sich fortsetzten, wobei sich Ausmaß, Intensität und Zeitpunkt des Konflikts kaum abschätzen lassen. Beim Thema Zölle seien die Unsicherheiten jedoch geschwunden, was deren Kosten kalkulierbar mache, weil sich die Trump-Regierung kaum kompromissbereit zeigen wird.

In den USA bleibt eine erhöhte Inflation 2026 ein Thema. Die Teuerungsrate wird laut Schätzungen 2,9 % betragen und damit aus der Sicht der US-Notenbank Fed zu hoch ausfallen. Erst in der zweiten Jahreshälfte werde der Preisdruck abnehmen, was den für die US-Konjunktur wichtigen Konsum beflügeln werde. Daher sollte auch das Wachstum in den USA mit 2,1 % robust ausfallen. Im Euroraum werde die Wirtschaft lediglich ein 1,2-prozentiges Wachstum verzeichnen. Die

Inflation hat sich im von der Europäischen Zentralbank anvisierten Bereich von zwei Prozent eingependelt und dürfte dort auch 2026 verharren.

Für die Eurozone werden keine Zinsänderungen erwartet – anders als in den USA, wo die Trump-Administration an einer graduellen Aushöhlung der Notenbank Fed arbeite, bei der im Mai 2026 die Amtszeit von Fed-Chef Jerome Powell enden wird. Man rechnet damit, dass die Fed den Leitzins bis Jahresende auf die Spanne von 3,25 bis 3,5 % senken wird, das wären trotz erhöhter US-Teuerung 0,5 Prozentpunkte weniger als derzeit.

Es ist anzunehmen, dass der US-Dollar aufgrund der Risiken im Zusammenhang mit der schrittweisen Aushöhlung der Fed, der unberechenbaren Politik im Weißen Haus und der hohen Staatsverschulung der USA weiter unter Druck stehen wird. Internationale Investoren hinterfragen zunehmend die Unabhängigkeit der staatlichen US-Institutionen. Unterdessen suchen Notenbanken und institutionelle Anleger nach alternativen sicheren Häfen, um den US-Dollar zu umgehen. Fündig dürften sie bei Gold werden (vgl. Hahn 2025).

Die Fähigkeit von Gold, Wirtschafts- und Währungskrisen zu überstehen, macht es zu einer wichtigen Wahl für die langfristige Vermögensdiversifizierung der Privatanleger, auch wenn langfristige Prognosen zur Kursentwicklung schwierig sind. Aktuelle Trends, wie die Goldkäufe der Zentralbanken, insbesondere in Asien, sinkende US-Zinsen, die Fragezeichen hinter der künftigen Unabhängigkeit der Fed, die US-Handelspolitik und die anhaltenden geopolitischen Unsicherheiten, deuten darauf hin, dass Gold weiterhin beliebt bleiben könnte. Wir sprechen oft über den strukturellen Vorteil von Gold gegenüber Fiatwährungen. Das bedeutet, dass Gold – im Allgemeinen gesprochen – selbst bei sich ändernden Rahmenbedingungen gute Chancen hat, seinen Wert langfristig zu erhalten oder sogar zu steigern. Die Schätzungen variieren natürlich, aber viele Analysten gehen davon aus, dass der Preis pro Unze weiter steigen wird, auch wenn der Anstieg nicht immer linear verläuft.

Verschiedene Faktoren könnten zu niedrigeren Goldpreisen führen als prognostiziert. Eine überraschend starke Aktienmarkt-Performance würde die Nachfrage nach sicheren Häfen reduzieren. Eine Auflösung von Handelsspannungen und rückläufige geopolitische Risiken könnten ebenfalls den Goldpreis senken. Überraschend restriktive Fed-Politik bei anhaltend hoher Inflation oder eine Stärkung des US-Dollars aus anderen Gründen als der Zinspolitik würden Gold unter Druck setzen (vgl. Arad 2025).

Die Entwicklung des Goldpreises in den letzten 50 Jahren zeigt uns, in welchem Ausmaß dieses Edelmetall von unterschiedlichen wirtschaftlichen, politischen und gesellschaftlichen Faktoren beeinflusst wird. Ob Kriege, Wirtschaftskrisen oder Entscheidungen der Notenbanken: Jedes Ereignis hat seinen Einfluss auf den Wert des Goldes. Trotz Schwankungen bleibt Gold für Anleger ein unverzichtbarer sicherer Hafen. Es ist faszinierend zu sehen, wie dieses seit Jahrtausenden verwendete Metall weiterhin eine zentrale Rolle in der Weltwirtschaft spielt. Was also hält die Zukunft für Gold bereit? Nur die Zeit wird es zeigen, aber eines ist sicher: Gold wird weiterhin Aufmerksamkeit und Investitionen auf sich ziehen.

# Was Sie aus diesem *essential* mitnehmen können

- Das beschränkt verfügbare Gut Gold hat eine historische Rolle als Wertaufbewahrungsmittel und wird weltweit akzeptiert.
- In unsicheren Zeiten kaufen Zentralbanken, institutionelle Investoren und Privatanleger Gold und allein diese erhöhte Nachfrage bei einem sich verknappenden Angebot treibt den Preis nach oben.
- Gold als Geldanlage ist definitiv sinnvoll, weil es wertbeständig ist. Es sollte als Versicherung und Diversifikationsbaustein genutzt werden, jedoch nicht als Spekulationsobjekt.



E. Strauß, *Vermögensanlage in Gold*, essentials,
https://doi.org/10.1007/978-3-658-51779-3

# Literatur

Arad, Carlos. (2025). „Goldpreis-Prognose für 2026: Wie wird sich das Edelmetall entwickeln?". Verfügbar unter: [https://www.ftd.de/finanzen/finanzcheck/goldpreis-prognose-2026/#:~:text=Die%20Commerzbank%20erwartet%20drei%20Zinssenkungen,strukturellen%20Unterstützungsfaktoren%20für%20Gold%20widerspiegelt.] (Zugriff am 3.12.2025).

Axinocapital. (2025). „Erreicht Gold 2026 die 5.000-Dollar-Marke? Banken erwarten historischen Preissprug". Verfügbar unter: [https://www.axinocapital.de/make-money/artikel/erreicht-gold-2026-die-5000-dollar-marke-banken-erwarten-historischen-preissprung#:~:text=Die%20britische%20HSBC%20spricht%20in,Großbanken%20in%20USD%20je%20Unze.] (Zugriff am 3.12.2025).

Beyen, Jenny. (2025) „Wirtschaftsnews Früh: Goldpreis auf neuem Rekordwert." Verfügbar unter: [https://www.swr.de/swraktuell-radio/wirtschaftsnews-frueh-goldpreis-mit-neuem-rekordwert-100.html] (Zugriff am 9.10.2025).

bitpanda. (2025). „Gold und Zentralbanken: Warum kaufen Staaten das Edelmetall?". Verfügbar unter: [https://www.bitpanda.com/de/academy/gold-und-zentralbanken-warum-kaufen-staaten-das-edelmetall] (Zugriff am 23.10.2025).

BÖRSENMARKT Editorial. (2024). „Die Beziehung zwischen Gold und Fiat-Währungen". Verfügbar unter: [https://www.goldmarket.fr/de/die-Beziehung-zwischen-Gold-und-Fiat-Währungen/?srsltid=AfmBOooNMa8JCqtigDfxPw7j7SkG3-6xnonLhPgkjOldPW7pM8bnivaW] (Zugriff am 18.11.2025).

Capital. (2025). „Goldfieber an der Börse: Wie kaufen Anleger das Edelmetall?". Verfügbar unter: [https://www.capital.de/geld-versicherungen/goldfieber-an-der-boerse%2D%2Dwie-kaufen-anleger-das-edelmetall%2D%2D35467072.html] (Zugriff am 13.11.2025).

Chia, Osmond / Islam, Faisal. (2025). „Gold steigt auf über 4.000 Dollar pro Unze, da Unsicherheit die Rallye anheizt". Verfügbar unter: [https://www-bbc-com.translate.goog/news/articles/c8ex3wgjlexo?_x_tr_sl=en&_x_tr_tl=de&_x_tr_hl=de&_x_tr_pto=rq&_x_tr_hist=true] (Zugriff am 11.10.2025).



E. Strauß, *Vermögensanlage in Gold*, essentials,
https://doi.org/10.1007/978-3-658-51779-3

Deutsche Bank. (2024). „Perspektiven. Makro- und Anlageklassenausblick; Ausgabe 1/2024“. Verfügbar unter: [https://www.deutsche-bank.de/dam/deutschebank/de/shared/pdf/marktausblick/perspektiven-makro-und-anlageklassenausblick-1-2024.pdf] (Zugriff am 25.11.2025).

Dieter, Heribert. (2025). „Die De-Dollarisierung der Welt. Der größte Feind des US-Dollars sitzt im Weißen Haus“. Verfügbar unter: [https://www.srf.ch/news/wirtschaft/die-de-dollarisierung-der-welt-der-groesste-feind-des-us-dollars-sitzt-im-weissen-haus] (Zugriff am 17.10.2025).

Die Presse. (2025). „Privatanleger könnten den Goldpreis noch weitertreiben“. Verfügbar unter: [https://www.diepresse.com/20164794/privatanleger-koennten-goldpreis-noch-weiter-treiben] (Zugriff am 13.11.2025).

DJE. (2025). „Gold. Inflationsanker und Krisenwährung“. Verfügbar unter: [https://web.dje.de/gold] (Zufgriff am 17.11.2025).

Durden, Tyler. (2025). „Visualisieren, wie viel Gold auf der Erde noch abgebaut werden kann“. Verfügbar unter: [https://uncutnews.ch/visualisieren-wie-viel-gold-auf-der-erde-noch-abgebaut-werden-kann/] (Zugriff am 24.11.2025).

finanzen.at. (2025). „Zentralbanken setzen verstärkt auf Gold – Preis klettert.“ Verfügbar unter: [https://www.finanzen.at/nachrichten/rohstoffe/zentralbanken-setzen-verstarkt-auf-gold-preis-klettert-1034975477] (Zugriff am 5.10.2025).

finanztrends.de. (2025). „Gold im Höhenflug: Was wirklich dahintersteckt“. Verfügbar unter: [https://www.finanztrends.de/rohstoff/gold/news/goldpreis-im-hoehenflug-was-wirklich-dahinter-steckt/] (Zugriff am 27.10.2025).

Focusonline. (2020). „René will Rendite: Gold sicherer als Aktien? Wer so denkt, verschenkt viel Geld“. Verfügbar unter: [https://www.focus.de/finanzen/boerse/rene_will_rendite/rene-will-rendite-gold-ist-sicherer-als-aktien-wer-so-denkt-verschenkt-viel-geld_id_11616363.html] (Zugriff am 15.12.2025).

fondsprofessionell. (2025a). „Nachfrage auf Rekordhoch: Goldrausch bei Zentralbanken“. Verfügbar unter: [https://www.fondsprofessionell.at/news/maerkte/headline/nachfrage-auf-rekordhoch-goldrausch-bei-zentralbanken-242418/Zentralbanken“] (Zugriff am 21.10.2025).

fondsprofessionell. (2025b). „Union Investment: Neun Thesen für 2026“. Verfügbar unter: [https://www.fondsprofessionell.at/news/uebersicht/headline/union-investment-neun-thesen-fuer-2026-246370/newsbild/7/] (Zugriff am 30.11.2025).

Fundresearch. (2025). „Gold: Anlegerinteresse treibt Nachfrage und Preis in die Höhe“. Verfügbar unter: [https://www.fundresearch.de/gold/gold-anlegerinteresse-treibt-nachfrage-und-preis-in-die-hoehe.php] (Zugriff am 13.11.2025).

Gold.de. (2024a). „Das Bretton-Woods-System“. Verfügbar unter: [https://www.gold.de/bretton-woods-system/] (Zugriff am 21.10.2025).

Gold.de. (2024b). „Ratgeber Gold-ETF und Gold-ETC“. Verfügbar unter: [https://www.gold.de/etf-etc-exchange-traded-funds-commodities/] (Zugrif am 12.10.2025).

Goldmarkt Editorial. (2025). „Wie funktioniert ein Gold ETF?“. Verfügbar unter: [https://www.goldmarket.fr/de/Wie-funktioniert-ein-Gold-ETF/] (Zugriff am 11.10.2025).

goldundco. (2022). „Goldverbot: Droht ein Besitzverbot für Edelmetalle?“. Verfügbar unter: [https://www.goldundco.at/goldverbot-droht-ein-besitzverbot-fuer-edelmetalle/#:~:text=Jahrhundert%20finden%20sich%20Goldverbote%20in%20zahlreichen%20Ländern,nur%20der%20private%20Goldbesitz%20verboten%2C%20sondern%20auch] (Zugriff am 29.10.2025).

Graf, Nadine. (2025). „In Gold anlegen. Niedrige Rendite trotz Rekordpreisen". Verfügbar unter: [https://www.finanztip.de/gold/#:~:text=Ab%201975%20konnte%20sich%20der%20Goldpreis%20am,Deswegen%20stieg%20der%20Goldpreis%20in%20dieser%20Zeit.] (Zugriff am 18.10.2025).

Gröh, Katrin. (2025a). „Beim Kauf von Goldmünzen geben Profis einen wichtigen Ratschlag". Verfügbar unter: [https://www.morgenpost.de/ratgeber-wissen/finanzen/article409676751/goldmuenzen-kaufen-tipps.html] (Zugriff am 8.11.2025).

Gröh, Katrin. (2025b). „Goldbarren kaufen: Dieses Merkmal entlarvt unseriöse Anbieter". Verfügbar unter: [https://www.morgenpost.de/ratgeber-wissen/finanzen/article409671163/goldbarren-kaufen-tipps-haendler-preise.html] (Zugriff am 8.11.2025).

Hahn, Alexander. (2025). „Diese fünf Prognosen sollten Anleger 2026 auf der Rechnung haben". Verfügbar unter: [https://www.derstandard.at/story/3000000298092/diese-fuenf-prognosen-sollten-anleger-fuer-2026-auf-der-rechnung-haben?ref=niewidget] (Zugriff am 30.11.2025).

Hammer, Ferdinand. (2025). „Deutsche Bank: Goldpreis könnte 2026 bis auf fast 5.000 US-Dollar steigen!". Verfügbar unter: [https://www.wallstreet-online.de/nachricht/20212248-edelmetall-ausblick-2026-deutsche-bank-goldpreis-2026-5-000-us-dollar-steigen#:~:text=Die%20Deutsche%20Bank%20hat%20ihre,3.950%20und%204.950%20US%2DDollar.] (Zugriff am 27.11.2025).

Handelsblatt Börse. (2025). „Wertpapier Rohstoff. Gold". Verfügbar unter: [https://www.handelsblatt.com/boerse/waehrung/Y1431/eur%252Fusd] (Zugriff am 15.12.2025).

Hell investiert. (2024, 6. Dezember). Podcast Hell investiert. „Sensation! Nächstes Land will Goldstandard einführen!". Verfügbar unter: [https://goodpods.com/de/podcasts/hell-investiert-erfolgreich-mit-gold-immobilien-etfs-and-co-366401/sensation-nächstes-land-will-goldstandard-einführen-54185563] (Zugriff am 14.10.2025).

JustETF. (2025). „Inflation und Gold – wann Gold glänzt und wann nicht". Verfügbar unter: [https://www.justetf.com/de/academy/inflation-und-gold.html] (Zugriff am 15.12.2025).

Kettner, Dominik. (2025, 21. September). Kettner-Edelmetalle Podcast #508. „Verpasse das nicht: Die USA bereiten Gold als Notfallwährung vor!". Verfügbar unter: [https://podcasts.apple.com/at/podcast/508-verpasse-das-nicht-die-usa-bereiten-gold-als-w%C3%A4hrung/id1324818851?i=1000727701654] (Zugriff am 1.10.2025).

Kettner Edelmetalle. (2025a). „Gold als Währung. Warum die Rückkehr zum Goldstandard erst nach dem großen Crash kommen wird". Verfügbar unter: [https://www.kettner-edelmetalle.at/news/gold-als-wahrung-warum-die-ruckkehr-zum-goldstandard-erst-nach-dem-grossen-crash-kommen-wird-20-07-2025] (Zugriff am 14.10.2025).

Kettner Edelmetalle. (2025b). „Gold als gesetzliches Zahlungsmittel. Kann man mit Goldmünzen eigentlich im Alltag bezahlen?". Verfügbar unter: [https://www.kettner-edelmetalle.at/wissen/gold-als-gesetzliches-zahlungsmittel] (Zugriff am 2.12.2025).

Köhne, Alexander / Summa, Benjamin. (2025). pro aurum Podcast Episode 32. „Gold kennt kein Halten – Warum der Goldpreis 2025 immer neue Rekorde bricht". Verfügbar unter [https://www.proaurum.de/aktuelles/podcast/] (Zugriff am 9.10.2025).

Kolf, Ingo. (2025). „Gold überholt US-Treasuries als wichtigste Reserve". Verfügbar unter: [https://www.wallstreet-online.de/nachricht/20141355-erstmals-1996-gold-ueberholt-us-treasuries-wichtigste-reserve] (Zugriff am 18.11.2025).

Mayer, Martin. (2025). „So partizipieren Anleger am Goldpreis". Verfügbar unter: [https://www.gewinn.com/artikel/so-partizipieren-anleger-am-goldpreis] (Zugriff am 8.11.2025).

Mencin, Jasmin. (2025). „Investieren in Gold-ETFs und Gold-ETCs – so geht's". Verfügbar unter: [https://www.finanzen.at/ratgeber/investieren-in-gold-etfs/] (Zugriff am 11.10.2025).

Müller, Klaus. (2025). „Wie steuert die EZB die Geldmenge?". Verfügbar unter: [https://kobeltonline.de/2025/01/07/wie-steuert-die-ezb-die-geldmenge/] (Zugriff am 2.12.2025).

ÖNB / Österreichische Nationalbank. (2023). „Unser aller Gold – Währungsreserve, Anlageobjekt, Wertspeicher". Verfügbar unter: [https://www.oenb.at/dam/jcr:b4d2b504-724c-4e1e-9c06-83a41ec9c2fc/unser-aller-gold.pdf] (Zugriff am 15.10.2025).

Ophirum.de. (2023). „Was ist das Bretton Woods System". Verfügbar unter: [https://www.ophirum.de/gold-wissen/bretton-woods#:~:text=B.,Cookies%2C%20um%20dieses%20Video%20anzusehen.&text=Welches%20Gewicht%20den%20Wert%20bestimmt.&text=Was%20ist%20die%20Funktion%20des%20London%20Gold%20Fixing?&text=Wie%20entstehen%20Goldnuggets?&text=Wie%20Experten%20die%20Echtheit%20Edelmetallen%20feststellen.&text=Wie%20der%20Goldpreis%20an%20den%20US%2DDollar%20gekoppelt%20wurde.,-Edelmetall] (Zugriff am 25.10.2025).

Pfluger, Bettina. (2025). „Gold wird immer teurer. Was treibt die Preisrally an?". Verfügbar unter: [https://www.derstandard.at/story/3000000289081/gold-wird-immer-teurer-was-treibt-die-preisrally-an] (Zugriff am 5.20.2025).

philoro.at. (2025a). „Wie funktioniert der Goldpreis? Ein Leitfaden für Anfänger". Verfügbar unter: [https://philoro.at/wissen/goldpreis] (Zugriff am 16.10.2025).

philoro.at. (2025b). „Geopolitik und Edelmetalle. Wie Handelskriege, Sanktionen oder Konflikte die Märkte bewegen". Verfügbar unter: [https://philoro.at/wissen/geopolitik] (Zugriff am 25.11.2025).

planet wissen. (2024, 30. Mai). „Gold als Geldanlage". Verfügbar unter: [https://www.planet-wissen.de/video-gold-als-geldanlage-100.html] (Zugriff am 7.10.2025).

Rullkotter, Stefan. (2025). „Steuerfreie Gewinne mit Gold und Silber: Nur bei diesen Anlagen möglich". Verfügbar unter: [https://www.boerse-online.de/nachrichten/geld-und-vorsorge/steuerfreie-kursgewinne-mit-gold-und-silber-nur-bei-diesen-etcs-20384333.html] (Zugriff am 12.10.2025).

Sax, Christoph. (2025). „Gold – wie geht es weiter?". Verfügbar unter: [https://www.vermoegenszentrum.ch/wissen/gold-wie-geht-es-weiter] (Zugriff am 17.10.2025).

Spotify. (2025, 14. Oktober). Podcast PRAKTISCH VERANLAGT. „Goldpreis 2025: Lohnt sich jetzt noch der Einstieg oder hast du den Hype verpasst?" (Zugriff am 25.10.2025)

Statista. (2025). „Länder mit den größten Goldreserven". Verfügbar unter: [https://de.statista.com/statistik/daten/studie/156673/umfrage/laender-mit-den-groessten-goldreserven/] (Zugrff am 8.12.2025).

Stiftung Warentest. (2025). „Gold zum Greifen nah". Verfügbar unter: [https://www.test.de/gold-goldpreis-etc-auslieferung-euwax-xetra-kosten-6237114-0/] (Zugrff am 5.12.2025).

Storch, Flossbach von. (2025, 8. Oktober). „Gold. Warum sich die Tresore füllen". Der Flossbach von Storch Podcast. Verfügbar unter: [https://flossbachvonstorch.podigee.io/316-gold-warum-sich-die-tresore-fullen] (Zugriff am 12.10.2025).

StudySmarter. (2023). „Geldmengenpolitik". Verfügbar unter: [https://www.studysmarter.de/studium/bwl/makrooekonomie-studium/geldmengenpolitik/#:~:text=Die%20Geldmengenpolitik%20ist%20ein%20wichtiges,und%20das%20Wirtschaftswachstum%20zu%20fördern.] (Zugriff am 27.10.2025).

Verbraucherzentrale. (2024). „Geldanlage Gold: Lohnt sich eine Investition als Sicherheit bei Krisen?". Verfügbar unter: [https://www.verbraucherzentrale.de/wissen/geld-versicherungen/sparen-und-anlegen/geldanlage-gold-lohnt-sich-eine-investition-als-sicherheit-bei-krisen-5904] (Zugriff am 21.10.2024).

Wagner, Ronny. (2023, 15. November). Podcast Goldrichtig investieren #107. „Darum kaufen die Zentralbanken jetzt mehr Gold denn je." Verfügbar unter: [https://www.youtube.com/watch?v=IXHbreCzjxU] (Zugriff am 5.10.2025).

Wagner, Ronny. (2025a, 12. März). Podcast Goldrichtig investieren #177. „Massive Goldtransfers in die USA. Was ist Trumps, geheimer' Goldplan?". Verfügbar unter: [https://www.youtube.com/watch?v=4Gpiwr4-mUM] (Zugriff am 25.09.2025).

Wagner, Ronny. (2025b, 24. September). Podcast Goldrichtig investieren #205. „Aufgepasst: So erkennst du Gold-Fälschungen beim Gold kaufen." Verfügbar unter: [https://www.youtube.com/watch?v=KYRYQMMhT4Q] (Zugriff am 5.10.2025).

Wagner, Ronny. (2024a, 25. September). Podcast Goldrichtig investieren #153. „Gold als Notfallwährung: so zahlst du weltweit mit physischem Gold." Verfügbar unter: [https://www.youtube.com/watch?v=ddQK914W9VY] (Zugriff am 25.09.2025).

Wagner, Ronny. (2024b, 2. Oktober). Podcast Goldrichtig investieren #154. „Mit Gold an der Grenze verhaftet – das kann dir auch passieren!". Verfügbar unter: [https://www.youtube.com/watch?v=mCjrPRpxO4M] (Zugriff am 22.10.2025).

World Gold Council. (2024). „Above-ground stock". Verfügbar unter: [https://www.gold.org/goldhub/data/how-much-gold] (Zugriff am 16.10.2025).

Xetra-Gold. Goldwissen Podcast #11. „Bretton Woods. Vom Goldstandard und den Folgen seines Scheiterns". Verfügbar unter: [https://www.youtube.com/watch?v=eozlJOODXI8] (Zugriff am 7.10.2025).

MIX
Papier | Fördert gute Waldnutzung
FSC® C083411

Zeitfracht Medien GmbH
Ferdinand-Jühlke-Straße 7
99095 Erfurt, Deutschland
produktsicherheit@kolibri360.de